Direct Seeding

直播

移动互联时代营销新玩法

宋江龙◎著

中国经济出版社
CHINA ECONOMIC PUBLISHING HOUSE
北京

图书在版编目（CIP）数据

直播．移动互联时代营销新玩法／宋江龙著．
—北京：中国经济出版社，2018. 7
ISBN 978 - 7 - 5136 - 5168 - 4

Ⅰ．①直… Ⅱ．①宋… Ⅲ．①网络营销 Ⅳ．①F713. 365. 2

中国版本图书馆 CIP 数据核字（2018）第 065641 号

责任编辑　伏建全　孙喆浩
责任印制　马小宾
封面设计　久品轩

出版发行　中国经济出版社
印 刷 者　北京科信印刷有限公司
经 销 者　各地新华书店
开　　本　710mm × 1000mm　1/16
印　　张　9. 75
字　　数　123 千字
版　　次　2018 年 7 月第 1 版
印　　次　2018 年 7 月第 1 次
定　　价　36. 00 元
广告经营许可证　京西工商广字第 8179 号

中国经济出版社 **网址** www. economyph. com **社址** 北京市西城区百万庄北街 3 号 **邮编** 100037
本版图书如存在印装质量问题，请与本社发行中心联系调换（联系电话：010 - 68330607）

目录

01 第一章 跑步前进的直播时代

随着互联网时代的到来，许多具有互联网特色的营销手段相继产生，直播营销无疑是个中翘楚。作为互联网时代的新生儿，直播营销还不够完善，但它巨大的影响力在众多的直播平台中已经可见一斑。

02 第二章 这些直播间里的营销秘籍你懂吗

从吃喝玩乐到衣食住行，直播已经渗透到我们生活的方方面面，影响十分广泛。当你用价格不菲的礼物去打赏心仪的主播时，你知道自己已经落入那些深藏不露的营销秘籍的圈套了吗？

03 第三章 盘点那些你眼熟的直播营销新玩法

别老以为直播间是草根文化的聚集地，实际上，大牌都爱玩直播。直播营销技术哪家强，学会这几招，走遍天下都不怕。

04 第四章 直播未来商业模式预测

回顾过去、分析眼前所有人都会，懂得放眼未来方能高瞻远瞩、运筹帷幄，长立于不败之地。移动互联网营销链日趋完整，在大数据的洪流里，只有紧跟时代，才不会被淘汰。

01 第一章 跑步前进的直播时代

随着互联网时代的到来，许多具有互联网特色的营销于段相继产生，直播营销无疑是个中翘楚。作为互联网时代的新生儿，直播营销还不够完善，但它巨大的影响力在众多的直播平台中已经可见一斑。

第一节
进击的网络直播

1. 直播起源知多少

很多年前，“移动互联网时代已经到来”这句话刚被提出来时火遍了大江南北，不过那个时候嘲笑的意味更多一些。那个时候，北京的一家报纸推出过一个实验，实验的内容是仅仅依靠电脑，人能不能度过一周。现在看来，这个实验就像是个笑话，但在那个时候却真的值得探讨。从1981年的1G到如今的4G，30多年间移动通信发生了翻天覆地的变化。现在，全球移动通信行业正在对5G网络加紧研发，预计2020年就会正式商业化并推向民用。毫无疑问，互联网时代已经进入高速发展模式。

“科学技术是第一生产力”早已成为人们的共识。随着互联网的全面普及，很多新事物也随之产生，而本书要讲的就是互联网时代的“新生儿”——直播。

直播就是国外的LIVE。在我国互联网受众的眼中，直播大致可以分为两大类：一类是通过网络观看电视节目，如各种时政新闻、体育比赛和文艺活动的直播，这类直播是通过采集电视模拟信号再转化成数字信号输入电脑，实时上传到网站供人观看，其中最为著名的莫过于CCTV央视网；

另一类则是真正意义上的网络视频直播，它是基于在现场架设独立的信号采集设备，再通过网络上传到服务器，发布到网站供人观看。电影只能向我们展示过去时、单一的时空，电视直播可显现的时空既有现在时又有过去时，而网络直播除具备电视的两大时空之外还具有压缩时空的功能，如同步的文字直播、图片直播、赛事直播、手机直播和比分直播等各种直播频道和样式。随着社会的发展，直播的好处已经十分明显，其能够减少成本、加快信息的传播。

随着互联网技术的发展，直播的概念有了新的拓展和发展，更多的人关注网络直播，特别是网络视频直播。通过网络信号，在线收看球赛、体育赛事、重大活动和新闻等，使大众有了广阔且自由的选择空间。

本书所讲的主要是第二种直播模式。其实，移动互联网直播最早可以追溯到韩国的“十人房”聊天模式。9158 视频社区的创始人傅政军在 2005 年便看到了它的商机，带领工程师夜以继日地写出了 9158。此后的绝大部分直播软件都沿袭了 9158 模式。

遗憾的是，9158 从“十人房”的启发中开发出的“六间房”聊天模式在当时并没有取得成功，反而是后来那些借鉴 9158 的投机者赚得盆满钵盈。众所周知的 YY 语音 2012 年才正式上线，而等到互联网直播彻底火起来至少是在 2014 年后。从萌芽到爆发，其间已有近 10 年之久。互联网附加产品最讲究的就是时效性，网络直播如此“小火慢炖”到如今竟还能“死灰复燃”并且渐已呈现燎原之势，从 2014 年至 2017 年，网络直播迅速成为人人皆可利用的自我营销工具与牟取巨额利润的利器。于是，直播的营销奥秘成为人们的追溯对象，究竟是直播平台的模式带来了网络的又一红利，还是使用平台的用户在翻云覆雨，这需要我们进行更深入的探究。

2. 什么造就了今天的直播文化

在 2016 年这个直播元年里，很多平台都拿到了融资，并通过线上和线下的途径进行甚为铺张的自我包装和宣传。人人都能当主播，事事都能被直播成为2016年互联网行业中的一大亮点。

2017年伊始，共享单车以迅雷不及掩耳之势抢尽直播的风头，并迅速成为人们街头巷尾热议的话题，但直播仍没有断开与资本千丝万缕的联系。

诚然，2016年直播的火爆与映客、易直播、斗鱼TV、腾讯直播等直播平台陆续获得风险投资的助推脱离不了关系。以腾讯为代表的三大BAT的加入则更让直播备受瞩目。直播作为一种全新的营销传播模式已经与短视频一起成为下一个内容传播的重点，甚至还有取代图文传播的可能性。要探究网络直播的传奇经历，就不得不问：是什么造就了今天的直播文化？是美女网红还是草根主播？事实上，都不是。每一个事物的产生都有其偶然的导火线和更深层次的社会因素。而网络直播爆红的原因无非有以下三点：

第一，科技发展奠定了强大基础。

9158在2005年就已经上市，却寂寂无名，而YY语音在2012年上市以后不过两三年就大火，个中缘由与移动互联网的发展息息相关。十几年前，我们还处在2G网络时代，在2009年左右3G才正式运行。在2G时代，9158是正儿八经的纯文字聊天模式，在那个人多了发个表情都会卡网速的时代，网络直播火不起来是情有可原的。

一个行业发展到一定程度就会带动相关产业。随着移动互联网的高速发展，各种与网络相关的产业如雨后春笋般迅猛涌现。这些产业的表现形式呈现多样化，以文本、图像、音频、视频、软件、数据库等多种形式存在，涉及领域从经济、科研、教育、艺术到具体的行业和个体等。互联网产业的信息存在以网络为载体，以虚拟化的姿态通过网络这种传播媒介向人们展示，体现了网络资源的社会性和共享性。

新兴的移动互联网产业数量巨大，增长迅速，丰富和完善了网络这个巨大的可开发领域，等到万事俱备时才发布上市的各种直播软件自然是占据天时地利人和，一夜爆红也是顺理成章的事。

同时随着互联网技术的日新月异与不断地研发进步，技术上的开发让直播真正做到了随时随地，也让人人直播这个梦想成为现实，直播软件成为每个用户都能使用的一种大众工具。早在多年前，当直播还停留在 PC 端的那个时代，直播的种类仅仅局限于新闻、游戏等更为专业的领域中，传统的互联网与移动互联网技术根本无法实现简单的直播。然而，随着移动互联网时代的到来，移动传输信号已经从原来的 3G 时代进入 4G 时代。在 4G 时代，移动互联网技术已经能够支撑起直播随时随地进行。

除了移动互联网技术的升级外，手持设备也已发展至一个较高的水平。如今一部智能手机等同于一部电脑 + 电话，搭配上已臻于成熟的移动互联网技术，助推直播从一个相对较为专业的领域进入大众都能接触和接受的行业中。

因此，直播的出现和兴起并不是一蹴而就的，它需要多种市场因素共同作用才能造就当前这样一种市场状态。但是，当前的这种市场状态并不是直播的重点，随着直播被更多的人认识和熟知，它本身所承担的功能和作用还将不断增加和扩充，未来直播或许会出现更多的发展可能性。

第二，泛娱乐化的产物。

所谓“泛娱乐化”，就是指电视、网络等媒体为了谋求高收视率、吸引观众而故意制作、播出的格调不高的节目。近年来泛娱乐化现象日趋严重，甚至连新闻、财经等严肃的节目中也开始打起了灰色擦边球，掺进许多所谓的“娱乐元素”。

其实，泛娱乐化是资本控制下信息全球化的必然产物。随着互联网时代的高速发展，大数据早已渗透进我们生活的方方面面，信息共享已经非常便捷。而资本控制下的媒体需要对绝大多数受众具有绝对控制力才能保证它们的盈利需求。信息全球化的出现绝对是传统大众媒介的一大死敌，为了将自己的受众重新从互联网上夺回来，泛娱乐化就不可避免地产生了。

网络直播一开始就是由美女顶出来的一片天。现在的各大直播平台模块分区已经日渐完善，但无论是主攻游戏的直播平台还是主攻二次元的直播平台，每一种直播软件上必有一个分区为“美女直播间”。绝大多数的直播软件都是以“美女”为主要卖点的。而美女直播的内容更是千奇百怪，有直播吃饭的，有直播发呆的，甚至还有直播睡觉的。那些来看美女直播的受众们也经常是“出口成脏”，让人看来不禁唏嘘。

不得不说，这是泛娱乐化的一种体现，更是一种无聊文化。但是无聊文化也有它存在的意义。做生意，最忌讳的就是总想着“I think”而不是“User think”。存在的就是合理的，存在的就是有价值的，泛娱乐化有它消极的一面，也必然有它积极的一面。我们必须承认，直播是一种经济模式，其具有巨大的前景和市场，想要在直播这个平台上分得一杯羹，首先要做的就是摆正对直播行业的心态。

传统逻辑中，有关项目的展示和包装基本上是以图文为主，很少会有直播、短视频等新的表达方式出现。以图文为主的表达方式对于商品的基本展示来讲并没有特别的影响。如果过度地依赖图文，抑或通过图文对商品进行过度包装，势必会对用户造成误导。因误导而产生的交易，交易结果易使用户不满，导致用户的体验较差。在这样一种恶性循环下，用户始终是最受伤的一方。

随着用户消费升级时代的到来，商品的提供方已经多到用户能够在万千商品中自由选择自己心仪的商品。但是，用户在查看商品介绍时已经不再仅仅局限于通过图文了解产品，而是希望借助新的手段对商品进行更加全面的了解。

如此，直播这样一种既新颖又颇具色彩的传播方式应运而生，并逐渐成为人人都认可的宣传手段和表现方法。用户升级的需求促使市场不断寻找新的表达方式，而新的表达方式的拓展最终造就了直播的兴起。

第三，直播行业的巨大利益。

在大部分人眼中，直播行业的收入无非就是给主播送礼时购买的高价礼物。诚然，那些礼物也很赚钱，但并不是所有去看直播的人都会购买礼物送给主播。直播行业最大的利益来源是融资。比如，直播平台斗鱼 TV 宣布获得腾讯领投超过 1 亿美元的融资，直播社区火猫 TV2016 年年底宣布获得合一集团（也就是优酷、土豆）的千万美元融资。可见，许多直播平台赖以生存的关键是寻找强大的融资伙伴。

除了融资以外，巨额的广告代理费也给主播们带来了不菲的收入。直播平台上的受众具有聚集数量大、空闲时间多、群体精准分类、购买成交率高等特点，使直播平台成为众多广告公司和产品公司喜闻乐见的广告植入地。比如：游戏直播间里必有网页游戏的链接端口和各种游戏装备；直播化妆的女主播必定会反复强调她用的是哪个牌子的化妆品；教穿搭的主播房间里也必有买这些衣服的网址链接……越是出名的主播代言费越高，女主播千万年薪的新闻也早已经刷爆我们的眼球。

资本市场借助直播平台的便利性与影响力大搞发展。如果说用户需求的不断增多最终促进了直播的升级，那么资本的疯狂涌入则让直播发展的势头变得更加迅猛。相对依靠平台自身的力量进行发展，资本的介入能够让直播平台获得远高于自身的额外力量，这种力量能够成为助推直播平台大发展的力量原动力。

与 2015 年相比，2016 年才是直播真正被资本关注的第一年。2015 年，以六间房、果酱直播、映客、龙珠直播为代表的直播平台就已受到资本的关注。只是当时的直播平台还没有特别醒目地显示出其在市场中的敛财能力。那时，有关直播的一切还处在不断摸索的阶段，很多人对直播这一新生事物依然持相对消极的态度，所以才导致直播行业到 2016 年才被真正重视起来。

进入2016年，更多资本开始介入直播领域，资本家们表现出对直播市场更多的关注和青睐。趁市场未饱和前，直播平台之间的竞争以及它们对于市场的瓜分开始变得越发明显，很多直播平台通过百万直播、美女直播、直播怪相等手段吸引大众眼球，获取用户。尽管资本的介入导致直播行业的发展出现了些许的扭曲，但是我们依然无法否定资本对于直播发展的良性驱动作用。正是有了资本的存在，才让直播真正从“旧时王谢堂前燕”时代进入到了“飞入寻常百姓家”时代。

3. 直播文化兴起的意义

正如Facebook推出Live功能时扎克柏格所言：“Live就像是在你的口袋里放了台电视摄影机。所有拿手机的人，都有能力向全世界做推送。当你在直播中互动时，感觉用了更人性的方法与人做连接，这是我们在沟通上的重大进展，也创造了人们聚在一起的新机会。”

的确，直播给人们创造了一种不同于以往的网络交互方式，而且对日后社会互联网交流工具的发展产生了极大的影响。毋庸置疑，直播满足了大众的需求。虽然这种需求以泛娱乐化的方式呈现出来，但对于身处这个社会经济急速发展时代内心焦躁迷茫的人们而言，这是一种必需的减压方式。

人们对直播这个行业褒贬不一，不同的人对其持有不同的看法。有人嫌直播低俗，也有人觉得那是草根文化，是一种文化的价值展现。这种大争论反而是直播行业很乐于见到的。只要这种争论还在，人们就会不断地提起直播，讨论直播。在一定的时间范围内，“直播”这两个字就会被越来越多的人所了解与熟知。就像优衣库的更衣间事件，你能说那就绝对百害而无一利吗？至少在更衣间事件后，优衣库一时间声名大噪，大大地提高了知名度。这也就是网上一直有人热议说更衣间事件是优衣库自导自演的一场闹剧的原因。

再看直播行业，只要主播有一技傍身并有一定的机会，日进斗金绝对不成问题。而对于各大厂商来说，直播平台也是一个非常理想的广告投放地，许多知名企业早已经抢占了先机。

毫无疑问，直播这个平台拥有巨大的前景。直播未来的发展依然有很多的可能性，特别是随着越来越多的新技术应用到直播领域，对直播功能的再度发掘使直播拥有了更大的发展空间。那么，直播未来的发展可能性到底在哪儿呢？

当前的直播技术依然停留在移动互联网时代，尽管网络传输技术已经将直播从 PC 端迁移到了客户端，但是直播依然有更多的发展可能性。更多先进的科技依然存在和直播结合的空间，基于新技术的应用为直播开辟新发展将会成为下一个阶段直播发展的重点。

以当前比较火热的 VR、AR 等新技术为例，如果能够将 VR、AR 技术加入到直播过程中，无疑能够让直播更加真实、生动，使用户获得一种不一样的体验。对用户来讲，这种体验既是对直播体验的一种提升，又是对直播技术的一种提升。通过不断给直播加入新的技术，我们能够找到直播原本没有被发现的可能性，从而让用户获得与现在的直播完全不同的体验。

除了 VR、AR 之外，我们还能够将新的移动互联网技术加入到直播信号传输的过程中，这不仅能够解决当前直播信号传输过程中遇到的问题，而且能够让直播在更多的领域发挥作用。

当前的直播虽然门类繁多，但是直播的功能和作用并没有全部发挥出来。现在的直播很多时候只是一种消遣娱乐的工具，并没有太多其他功能。未来，随着直播与更多的行业产生联系，直播将会承担更多的功能和作用。以现在的秀场直播为例，现在的观众可能只是为了美女主播而来，而更深一个层次则是这些主播们能够利用自己的影响力来进行一些产品的销售。

如果仅仅将直播的功能和作用局限在商品销售的层面上，显然有些太过狭隘。我们还可以利用直播检验市场对一个项目的反应程度，在项目上线前就能够知道市场是不是接受这样的产品。另外，我们还能够结合用户对产品的反馈进行优化，确保产品能够更加符合市场需求。当前，以淘宝众筹、聚米众筹、苏宁众筹为代表的众筹平台都在进行这方面的探索。通过直播检验产品和项目，再对产品和项目进行优化，之后再将项目以更加贴合用户需求的状态进行推送，以获得商品价值的最大化。

第二节
直播靠什么赚钱

最近网络上盛传的“95 后迷之就业观”的数据显示，54%的“95 后”都渴望做主播。主播的人数在中国早已超过百万，而看过直播的人则超过 3.5 亿。主要的原因还是在于，在外行人看来，直播就是“逛、吃，逛、吃”，然后打开摄像头就能坐等数钱的行业。然而，内行人都知道实际情况并不是这样。那么，直播赚钱的方式都有哪些？国内外又有何不同呢？在中国，我们又将如何利用直播赚钱？

直播赚钱的方式是多样的，透过行业分析对比美国直播平台做到而中国没做到的一点，就是付费订阅。在美国，主播一旦通过平台的认证就可以开通“订阅”模式，粉丝花费每月 5 美元就能订阅主播的频道。付费用户能够享受一些特别福利，如免广告、专用的聊天表情和订阅者专门的聊天通道。这个订阅收入，主播和平台五五分成；但是随着订阅数量的增加，主播能拿到更高的比例。所以在美国，如果一名主播能够积累 2000 名订阅粉丝的话，仅此一项月收入就颇为可观。

中国至今仍没有有效地进行订阅付费式的模仿，虽然很多平台都有相应的“订阅”内容，但一般都不是用来收费的，更多的是一种收藏，用于下一次观看。其原因一方面是国内直播平台兴起时间短且主播展示的内容参差不齐；另一方面则是大部分网民用户仍然没有养成付费观看的习惯，所以才造成了主播营收不稳定，风险与暴利并存的局面。这些也透露出，要想通过直播赚钱首先就需要在主播自身精力、平台和粉丝三方面得以满足，让三者相辅相成才能真正发挥直播的作用。目前，国内主播们主要通过以下三种直播方式赚钱：

1. 销售礼物

所谓的礼物是一种虚拟物品，也就是看直播时常听到的飞机、游艇之类的词汇。飞机、游艇的火热使很多不看直播的人都知道了网络直播中可以打赏虚拟礼物。这些飞机、游艇可以用平台的虚拟货币购买。虚拟货币和人民币都有一定的换算比例，有 10∶1 换算比例的，也有其他换算比例的，其内核类似于 Q 币。各个平台使用的虚拟货币的名字和自身的平台大都有相应的联系。例如，斗鱼 TV 的虚拟货币叫作鱼丸、鱼翅，熊猫 TV 的虚拟货币叫作猫币，虎牙直播由于属于 YY 语音，虚拟货币叫作 Y 币。

看直播的观众通过购买平台的虚拟货币，购买礼物赠送主播，这个过程叫作打赏，类似以前北京天桥卖艺的艺人表演才艺，围观的“有钱的捧个钱场，没钱的捧个人场”。看直播的观众根据自己对主播的喜爱程度选择自己觉得合适的礼物赠送给主播。这些礼物的收入是归平台所有的，平台再根据自身与平台上主播的合同分利。一般而言，主播可以分到礼物收入的 50%。分红比例不固定，根据主播的被喜爱程度会有相应的变动，不同的直播平台间分红的比例也有较大的差距。为了方便读者理解，下面拿斗鱼、战旗、虎牙三家的销售礼物方式举例说明。

斗鱼 TV 是按照以下方式进行分成的，算是“双轨并行制”。就拿鱼丸来说，鱼丸是两个月一结算，它的门槛在 500 元左右，不到 500 元的话则开始进行累计，后期扣除 20% 的所得税，基本上跟彩票的模式差不多。但是，现在观众不能直接购买鱼丸了，斗鱼的中心从鱼丸转移到了鱼翅上，每次最多 50 元。尽管如此，观众送的鱼翅主播也不是都能收下，鱼丸需要主播的直播时间满足至少 120 小时才能结算，而鱼翅则是按月结算的。

再来看战旗，战旗是按照所有打赏最后加在一起结算的模式来和主播进行五五分账，这里面需要扣除 5% 的税，最后主播拿到手里的差不多有 47.5%。战旗的结算也是 500 元起，但结算的金额是随着打赏的累计其分成比例也随之提高的一种递进增长模式。

虎牙的打赏也分两种模式，即送给主播的守护和直播间的礼物。酬勤需要计算直播的时长，而守护则不需要。每次守护最高可达 15 万元人民币。而礼物则是按月结算，结算门槛在 10 元钱左右，算是三个平台里面最低的。而平台会根据直播间礼物的累计进行五五分账，后续还有频道分成等。其他的像是守护的礼物，他们的分成都是固定的，后期还会有一个按月结算的比例，最后算在一起达到一定数额就按照 100% 算，否则只能按 60% 结算。

一般观看直播的观众打赏的礼物价值并不高，打赏的礼物数量也不多。针对这样的情况，各个平台一般都会有相对的机制，主播可以指定相应的人员作为他直播间的管理人员。主播类似于 QQ 群主，自己可以指定相应的管理员。直播平台上直播间中的管理人员一般都是由打赏主播礼物价值高、数量多的人员担任。这样的直播间管理人员拥有一定的管理权限，如直播间的禁言等。这样的管理特权满足了一部分人的成就感和虚荣心。直播间管理的模式刺激了直播观众的消费，增加了直播平台的收益。

不仅如此，直接平台还为每一位观看直播的用户提供与主播互动的机会，促进其与主播之间的情感交流。也许主播并不知道看直播的是谁，但是一个惊人的礼物或是不停地为主播刷礼物的行为确实是成功吸引主播关注的好方法。利用疯狂粉丝的追捧，制作更多可以吸引观众的产品，成为直播平台的主要营销方式之一。

2. 赞助商投资

赞助商投资指的是天使投资和风险投资，基于互联网企业发展的规律，其背后基本都是有大财团和大量资本支持的企业。换句话说，互联网企业的博弈在很大程度上是其资本的博弈。以我们所熟知的阿里巴巴为例，其业务得到广泛发展是因为得到了日本软银风投的全力支持。其他我们所知道的诸如搜狐、京东等互联网企业，都是通过资本的风投获得发展。最为人们所熟知的互联网企业背后资本角逐的例子莫过于租车平台了。首先出现的是汽车的租车平台，滴滴和优步竞相补贴乘客和司机的模式就是资本助力的最好体现。

这两大租车平台都是通过资本收购了与其业务相同的其他规模小的租车平台，才形成了滴滴与优步鼎足而立的局面。两者都希望通过自身资本的更大投入，最后形成一家独大。在汽车租赁平台的资本博弈后，共享单车的互联网企业博弈悄然开始。OFO、Mobike、bluegogo 是继滴滴和优步竞争后的另一互联网竞争。多家单车公司的竞争背后都是资本投资公司的资本博弈。

赞助商的投资在互联网企业的发展中起到了很大的作用。一般投资公司会选择通过资本入股的方式进入互联网企业，而直播平台的火热竞争吸引了很多赞助商的资本进入。资本都是追逐利益的，直播平台越火热，赞助直播平台的资本就会越多。借助赞助商的投资，直播平台可以获得更多的选择机会，拥有更多的赚钱机会和途径。赞助商为直播平台提供资本支持，直播平台赢利后，赞助商可以通过自身在平台中的投资获得相应的分红。同时，赞助商可以通过与直播平台的合同让主播帮助自身进行商业演出和商业宣传。

3. 广告收入

广告收入分为两部分：一部分是平台的广告收入；另一部分是平台主播的广告收入。直播平台的广告收入类似电视广告。直播平台和广告商合作的方式基本是直播平台使用自身的平台帮助广告商宣传产品，推广广告商的广告信息。直播平台的广告一般会通过招标的方式，或者会与固定的广告商签订广告出租协议，由固定的广告商寻找相应的需要广告服务的商家。直播平台的广告收入一般是商铺或者广告商支付给直播平台的广告费用，同时直播平台可能会获得商铺提供的一些正在出售的产品。

主播的广告收入与直播平台相比会有所区别，现在的主播会选择自己开设淘宝店铺。这些淘宝店铺会有专业的人替主播打理。在主播的淘宝网站中，主播会与一些商铺合作，在合作的过程中主播会获得较低的供应费用，同时主播会帮助店铺进行宣传。实际上，主播通过与商铺的合作可以获得两项费用，首先是广告宣传或者是广告代言的费用，同时主播可以通过销售合作商铺的产品来赚钱。直播时，主播经常会推出一些自己使用的产品，如喝的水、吃的食品等，这些有的是无意展示的，有的则是有意展示的。即便是主播无意展示的产品，最后主播也很可能会与该产品商家进行广告合作。

另一种方式则是在主播直播的某个间歇时间段里，插播之前联系好的广告商或者是与直播平台沟通好的广告商的主推产品广告，以此来让广告商的主推产品在直播的某一时间段瞬间达到曝光的效果。这种广告曝光效果其实要比之前的电视插播广告等更有效。因为主播为商家提供的广告观看人数会超过电视插播广告，而电视插播广告早就为人所诟病，人们甚至拿“广告中插播电视剧”来进行调侃。同时，网络主播的广告比起电视插播广告更容易让观众接受和认可。

这些只是主播目前的盈利手段，除此之外，网络直播还有其他的盈利手段，如电商模式、会员订阅模式，甚至开展其他增值服务等方式。未来，网络直播会出现其他新兴的盈利手段。直播营销手段在人们的不断策划与平台升级下会不断地得以拓展。而要想探知更多的直播赚钱方法，需要持续不断地在直播平台上实践摸索，并随着直播平台的改进与提升不断升华方式方法，还要关注关于直播方面的信息，以便及时跟上互联网发展的步伐。

第三节
直播营销为什么这么火

1. 成功率高，见效快

从事网络直播的主播们具有明星的一些特征，在喜欢主播的人看来，主播就是明星。现如今，一些知名主播的名字对直播受众来说甚至胜过当红明星。主播们拥有固定的受众群，这些受众中很多人是他们的“铁粉”。这就导致主播们销售的产品会很受欢迎，受众喜欢主播推销的产品就像是粉丝喜欢明星代言的产品一样。

直播的受众能通过网络直播的方式知道主播们在干什么，在这样的情况下，受众们会想知道自己喜欢的主播在用什么产品。例如，主播们直播时喝的水或者是功能饮料等都是受众们想要获得的。这种心理就像是邻居家的小孩手中拿着一瓶饮料，而你没喝过，很想尝尝，所以也去买一瓶一样的饮料。主播的营销就是基于受众的这种消费心理。

游戏主播们会在自己游戏胜利后向直播受众展示自身使用的鼠标和键盘，这样的营销方式很容易获得成功。原因在于此时观看直播的人心里会产生主播们之所以游戏玩得好是因为他们使用的游戏设备好。因此，受众很容易购买主播正在使用的游戏设备。

主播们的营销往往很容易获得成功。这既是粉丝经济在网络直播中的体现，同时也是网络直播这种全方位的展示模式为主播营销带来的机会。直播营销不需要像电视广告那样花费较多的时间进行协商。直播营销具有更多的自主性，不需要像电视广告那样受多重因素的影响。主播营销在主播宣传后，会留有相应的网络店铺或者相应的客户服务 QQ 聊天群，这样的营销方式更容易成功，见效快，从营销宣传到销售获利的过程很短。

在这一层面上淘宝直播可谓是顺风顺水。淘宝上的店家、店主乃至店铺雇用的形象大使、模特等通过淘宝提供的直播平台，随便利用一个场地进行服饰、美妆、箱包装饰品等产品的展示便可起到讲解和展示的双重作用，使产品在消费者眼中变得更真实，更具有购买的价值。有实力的厂家如果再配合上 T 台走秀等更为亮眼、更吸引消费者眼球、更具备观看价值的直播，其当天直播的单笔成交量就会为淘宝商家创造可观的收益。

直播的收益何来？全在主播的一举一动之中，主播每一次讨喜的举动，手中每一件亮眼的产品都是为一个时间段的直播加分的关键，也是促成销售、达成成交的关键。因为人们往往都是在观看中产生盲目且非理性的消费，这也是直播经济能够让主播一夜暴富的奥秘所在。一场直播，既为企业与产品进行了宣传，又通过主播的一言一行为企业与产品塑造了形象，还给观看者提供了消遣娱乐与更加便捷直观的消费方式，可谓一举多得。

2. 低门槛，高收入

网络视频主播的入门门槛并不高，只需要一个麦克风、一个摄像头、一台可以连接互联网的计算机。网络视频主播只需要在相应的直播平台上提供相应的信息，通过审核后就可以成为直播平台的主播。我国加强对网络直播平台的监管后，各直播平台推出了成为直播平台主播的审核新规定。在此之前，一个普通人想成为平台的主播，只需要在网上提供一些简单的信息就可以了，注册过程不会难于在网络上注册一个 QQ 号。

从事网络直播的人，他们需要的设备一般采购成本比较低，对大多数人来说都可以承担得起设备采购的费用。从事网络直播的人的职业也没有限制，他们可以是学校的学生、企业白领、企业高管、教师、教授、医生、工人、护士，甚至可以是警察、交警或者其他职业。他们也可以是自由工作者、下岗职工、无业人员或者是进城务工人员，只要他们想从事网络直播这个行业，他们都可以在直播平台上开一个属于自己的直播间。

从事网络视频直播的人的年龄没有限制，一般 20 多岁的年轻人较多。当然，我们也经常在网络直播间中看到年长的叔叔阿姨，有时甚至能看到爷爷奶奶。

任何直播间都可以营销商品，只要是主播在自己的直播间中销售产品就可以了。这里面主要涉及观众的认可程度，如果观众选择认可，那么直播平台就非常适合营销产品。

直播间中营销的产品更加贴近百姓的生活，没有那么多“高大上”的产品，如挖掘机的大型机械的广告是不会出现在直播间中的。主播们为了在营销产品的同时不流失观众和粉丝，往往需要寻求一些特殊方法，销售一些既可以赚取收入又不会造成观众大量流失的商品。这些商品可以是零食一类的。因为喜欢观看直播的观众一般都喜欢熬夜，熬夜时大都喜欢吃一些小零食来缓解饥饿，所以此时主播的零食销售一般不会让观众产生厌烦感。

网络直播营销的成本很低，入门门槛也不高。主播的营销甚至不需要专业的广告词，只需一些玩笑话，或者是一句有意思的广告词，就可以收到很好的营销效果。网络直播营销的低门槛同时体现在直播营销的产品可以多种多样上，只要和自己直播相关的内容几乎都可以进行销售。例如，喊麦的主播们可以销售类似于“金嗓子”功能的产品，其他的主播们还可以销售眼药水、指甲贴等，这样的营销产品门槛相对较低。主播们营销的产品的成本一般不会很高。因为赞助商会给予主播更低的进货价格，使主播很容易在自己的直播中进行产品的营销展示。

直播营销不需要电视广告那样高昂的广告费用，可以说直播营销几乎是成本最低的营销方式。低成本的广告宣传间接增加了直播销售的收入。同时，直播营销的宣传效果好，从宣传到销售出产品的过程花费时间短，且可以根据客户的需要及时调节自己正在销售的产品。这些优势都有助于降低直播营销的存货量，使销售的产品更受消费者的欢迎，因此直播营销的销售收入很高。

尽管如此，主播行业并不是那么好做的。尽管在设备上节省了一些开支，然而对于真正想要成名的人来说，不下一番苦功夫也难以虏获线下观众的心。与其说受众喜欢看主播本人，不如说爱看的都是主播背后的才艺——或玩笑，或脱口秀，或舞蹈，或音乐，抑或书画、唱歌等。在直播平台上不仅要有内秀，外在也尤为重要，一个优秀的主播一般都是经历过外在与内在的共同洗礼与磨炼。因此，我们在探究直播产生的行业价值时，不应忽略其背后付出的成本，只能说在一番巨大的努力与付出后，直播营销的收入是极为可观的，呈现与付出价值层级呈递进式的增长。

3. 精准营销，不受地域限制

正如上文中提到的，直播的营销方式决定其可根据受众的需要及时调整自己的营销内容。即对受众可以接受和需要的产品进行及时的调整。这样的精准营销满足了客户不同且不断变化的需求。直播营销具有针对性，如游戏直播，其受众大多是游戏爱好者。因此在游戏直播中销售键盘、鼠标等游戏设备会很有市场。一般的办公用键盘和鼠标在选购时不会选择购买价格昂贵的，电竞游戏键盘和鼠标在电脑城销售，其销量绝对不如电竞主播的销量。其原因显而易见，游戏键盘和鼠标的使用群体相对固定，比起上班族，游戏爱好者愿意花费更高的费用去购买鼠标和键盘。电竞主播的销售更具有针对性，这样的精准营销，更易受到游戏爱好者的欢迎，更易获得盈利。

直播营销不会受到空间和地域的限制，以某知名饮料的营销推广为例，其需要雇用相应的人工在全国一、二、三线城市的繁华商业区进行地推。地推的形式多样，可以使用音响设备进行宣传，可以是免费品尝的促销活动，也可以是商演的推广活动。线下的推广活动需要空间和场地，这就意味着该饮料商家需要租用全国一、二、三线城市繁华地带的一定空间进行推广宣传。租用场地的费用加上宣传人员的费用，再加上雇用的演出团体的费用，整个线下的推广，基础投资就是很大一部分，而且这样的推广还需要相应的广告传单和发放广告传单人员的雇佣费用，仅广告费用就会消耗该饮料公司很大一部分盈利。

以我们的生活经验来看，上述的推广方式并不能取得很好的效果，人们往往只是喜欢商演活动中的节目，对于商演活动推广销售的内容并不是十分的关心。这样的销售活动无法避免地域对其推广宣传活动的限制，该饮料商家在北京推广，还需要在上海、广州等其他城市再次进行相同内容、相同模式的推广，其中无用资金的消耗不言自明。

网上的直播营销就很好地解决了地域对营销的限制问题，主播只需要在网络上进行一次营销宣传，全国各地观看该直播的人都可以看到主播营销推广的内容。这样不受地域限制的营销推广模式，降低了营销推广的费用，提高了营销宣传的效率，自然也就增加了直播平台和主播的收入。

因具有更大的影响力、更少的营销推广费用和低准入门槛，直播营销广受主播和直播平台的欢迎，同时这种模式已被观看直播的受众广泛接受。可以说，正是各种因素的共同发力助推，直播营销有了现今的火热。

第四节
直播营销的流程

1. 市场调研与分析

在进行营销之前都需要进行市场调研和分析。直播营销虽然是营销的新兴模式，但是市场调研和分析的过程仍必不可少。所谓的市场调研，就是通过问卷调查、采访等多种方式来获取市场需要的产品和服务。只有广泛而准确的市场调研才能保证自身营销的产品有良好的社会需求，如果没有充足的社会调研，很可能营销的产品不符合社会的需要，最终导致企业亏损。

没有充分的市场调研导致企业亏损的事例不胜枚举，而IBM商业帝国的轰然倒塌、诺基亚手机帝国的没落都是没有进行充分市场调研的结果。当新兴的科技产品已经出现在市场上后，上述两家公司因为自身庞大的体量等多种原因，没有积极跟随科技潮流，且对市场需求了解不够，导致最终失去原有的商业地位。这样的商业帝国的没落在很大程度上归咎于市场调查的不充足，就拿诺基亚来说，其体量庞大，公司效率奇低，所做市场调查中没有展示出智能手机对传统手机的冲击，等智能手机以迅雷不及掩耳之势抢占手机市场后，诺基亚手机商业帝国也就“日薄西山”。虽然现在诺基亚重新拥有了所谓的“智能手机”，但其手机商业霸主地位已经被一个新的商业帝国——苹果所取代。

诺基亚商业帝国没落的例子向我们充分展示了市场调研的重要性，可以说，合理的市场调研，对产品的推出起到了引导作用。市场调查同时引导我们对自己要营销的产品进行选取。以方便面为例，市场上可能有很多品牌、类型的方便面，我们在挑选的过程中，使用市场调查的数据来分析顾客会喜欢什么样的方便面，食用方便面的大都是什么样的群体，这些群体会在什么情况下食用方便面等。这些问题在市场调研之后进行分析，分析结果有助于我们找到适合的群体进行相应的营销。

麦肯锡的制胜营销策略是，首先确立一个有竞争吸引力的价值定位，而后通过有重点的新产品开发、销售、送货以及计划来交付这一价值，向消费者和销售渠道清楚地宣传这一价值。成功的营销者通过连续的评估程序不断地改进这些计划，以寻求营销战略实现最大价值。其次要根据市场需求进行产品的调整。例如：和雪路的产品组合反映了上海人的偏好；麦当劳推出猪肉汉堡来迎合中国人的口味；顶益开发出不同口味、品牌、价位的方便面来适应中国各地区各阶层的人的需求；宝洁研发的海飞丝满足了东方人去头屑的需求；海尔一直在不停地根据人们的需求开发产品；孔府家酒设计了多种适应不同场合的包装设计……

合理的市场调查，一般包括多种内容：

（1）市场调查的样本要具有普遍性，样本差要控制在合理的范围之内。保证自己市场调研的群众的年龄分布均匀，男女比例要接近1∶1，对不是调研内容的其他因素应该尽量保持相同。

（2）市场调研时要保证被调研者的心情平和，尽量保证受采访者能够将自己的真实想法表达出来。比如，青岛啤酒曾经因为推出高档啤酒前没有获得受访者的真实想法，盲目推出高档啤酒，结果公司的高档啤酒业务亏损严重。

（3）市场调研设计的内容经过分析后要能够呈现出受访者的真实想法。这个问题在市场调研中十分重要，人会有虚荣或者隐私等多种需要。有的采访内容涉及受访者的隐私等内容，这时候就需要在设计市场调研内容时采用干扰项来获得受访者的真实想法，以此来增加市场调研的可参考性。

市场调研后要进行相应的分析，只有分析明确，通过市场调研才能了解客户需要什么样的产品，从而在进行直播营销时做到有的放矢。有效的分析调查有助于节约广告营销的时间，也可以避免因为不了解市场详情，盲目营销产品造成的损失。

总体方案设计报告的结构和内容取舍是随具体情况而有所变化的，不过一般都要包括以下几个方面的内容：

（1）摘要：是整个报告书的一个简短小结。由于有关重要人物可能只读这部分，因此既要简明清晰，又要提供帮助其充分理解报告基本内容的充分信息。

（2）调研目的：说明提出该项目的背景，要研究的问题和备选的各种可能决策，该调研结果可能带来的社会效益或经济效益，或是在理论研究方面的重大意义。

（3）调研内容和范围：说明调研的主要内容，规定所需获取的信息，列出主要的调查问答题和有关的理论假设，明确调查的范围和对象。

（4）调研方针与方法：用简洁的文字表达调研方针，说明所采用的研究方法的重要特征，具体包括：所用调研方法与其他方法相比较的长处和局限性；将要采取的抽样方案的主要内容和步骤；样本量的大小和可能达到的精度；采取什么样的质量控制的方法；数据收集的方法和调查的方式；问卷的形式及设计方面的有关考虑，数据处理和分析的方法等。细节可写在附录中。

（5）调研进度和经费预算：详细地列出完成每一步骤所需的天数以及

起止时间。计划要稍稍留有余地，但也不能把时间拖得太长。之后，通过认真的估算实事求是地给出每项的预算和总预算。

附录：包括以下四方面的内容。

（1）调研项目负责人及主要参加者的名单。说明每个人的专业特长以及在该项目中的主要分工。课题组成员的水平和经历对获得项目的批准有时起到很大作用；

（2）抽样方案的技术说明及细节说明；

（3）问卷设计中的有关技术说明；

（4）数据处理方法、所用软件等方面的说明。

撰写总体方案设计报告是十分重要的一步。它确保了将管理决策部门的问题转换成能够提供相关的、及时的而且是准确信息的调查研究项目，并且项目的费用并不高于所得信息的价值。

在开设直播前进行合理有效的市场调研，有助于帮助企业在直播运营时快速找到市场定位。初期营销策略的拟定有助于企业在直播初期迅速打开直播市场，帮助企业或个人直播赢得一个“开门红”。

2. 品牌定位，设计方案

在进行直播营销前要先通过市场调研确定客户需要什么样的产品，是需要“帽子”还是需要“鞋子”。在确定客户需要什么后，要进行品牌的定位，也就是价格定位。比如同样是女士包，有的包的价格可能是几十、几百元，而LV、爱马仕等国际品牌的女士包已经成为一种奢侈品，价格自然高于国内知名品牌的女士包。

在进行直播营销前，确定好品牌定位。通过市场调研与分析，确定观看直播的受众需要的是什么品牌、什么价位的产品。对这些进行分析并和相应的供应商进行商讨后，确定合理的营销方案。直播营销方案的设计要遵循营销的规律，在进行营销方案设计时不能纸上谈兵，不能忽略观看直播受众的经济实力和购物喜好。

在进行品牌定位时，要选择略低于自己预期价格的品牌。因为每个人总会有或多或少的虚荣心，因此要在直播营销方案设计时适当地降低直播受众的购买价格准入门槛，让观看直播的受众更易通过直播营销购买产品。

有些商品的销售可能更多地考虑性价比，但在直播间营销游戏外设的时候，可能考虑得更多的是性能。比如鼠标，很多游戏主播会选择展示自己使用的鼠标给观众看，这就是很好的营销手段。在选用鼠标的时候，人们更多关注的是鼠标的性能和耐用度。当今社会对于电脑的依赖远高于以前，作为电脑重要外设的鼠标很容易损坏，因此耐用度成为选购鼠标时需要注意的点。当然，游戏发烧友在选购鼠标时，可能会选择质量高、价格高的产品。

利用直播打造品牌，不得不提淘宝上的各种直播。以雪梨为例，这位王思聪的前女友作为超级网红，直播时的观看者数量一路飙升到 6 万，如此傲人的成绩，也确实没有辜负这位“国民老公”的女友的知名度。紧接着，明星柳岩就把直播拉上了一个新高度——柳岩的直播人数突破了 11 万，而且她推荐的几款产品销售火爆，如她推荐的“楼兰蜜语”家的枣夹核桃卖了 24000 件。而最新加入直播的吴尊，更是给母婴类目带来了一个惊喜。从这么多的视频案例中可以看出：不管是网红、商家还是淘宝本身都在通过直播来进行对 IP 的吸引，以及个人、产品或者是企业等品牌的塑造。

淘宝直播塑造品牌，天时、地利、人和缺一不可：

（1）淘宝作为中国最大的购物平台每天有 3 亿人在浏览，这里不缺少观众；这里累积了几百万种商品，产品数量巨大；这里每天有大量的消费者，不缺少变现的人流量。

（2）各种平台直播的崛起，瓜分了一部分流量。如果说京东、唯品会这些电商平台的分流还是流量在电商平台之间的流动，那么直播平台就是直接把观众粉丝化，淘宝势必会培育这种黏性极高的粉丝经济，让网红可以直接通过粉丝运营变现。

（3）商家的困顿。作为一直以货为媒和消费者交流的商家，遇到了消费者不再单一追求性价比、产品产能过剩等窘况，但商家没有去积极维护这些消费者，大多数的商家每天都要靠新的流量来支撑销量。而网红、达人的做法是对这一模式的根本性颠覆和更新。

电商平台、商家、消费者都需要一个更加紧密联系的桥梁，这就是淘宝达人、网红，而直播是他们打造个人品牌以及跟粉丝沟通的重要渠道。为此，淘宝很早就开始布局。2014 年淘宝已经在做内容方面的尝试，经过 2015 年的多次变革，淘宝终于在 2016 年全线推出在内容方面更为成熟的产品。从文字、新闻到资讯，最早推出的淘宝头条逐步创造了 100 万流量一条帖子的奇迹。

2017 年，直播成为淘宝另一个强大入口：在 5 月，淘宝首页的达人淘改版为淘宝直播，标志平台进入了一个崭新的直播时代。

由此观之，我们需要针对不同的商品和用户，将两者相结合进行思考，综合针对目标受众、市场需求、产品亮点、时代诉求等因素，确立相应的品牌定位，定制品牌提升的策划方案，并针对自己的客户销售合适的产品。

3. 直播平台的选择与后期销售服务

直播平台的选择在直播营销中发挥着重要的作用。从本质上来说，直播平台的选择是为了有的放矢，就如我们可以在秀场直播中推出一些歌曲的宣传，可以在游戏直播中推出电脑外设。针对目前多种类型的直播平台，要结合自身需要营销的产品，选择合适的直播平台进行产品销售。

直播的后期销售服务一般都需要专人进行打理。后期销售服务的重要性很容易被忽视，而实际上，后期销售服务在吸引顾客、留住顾客方面都有着重要的作用。“金杯银杯不如口碑”，说的就是服务的重要性。客户在购买产品前往往会询问身边已经购买过相似产品的朋友，如果后期销售服务到位，曾经购买过店铺中的产品且购物愉快的顾客就会帮助店铺宣传。

良好的后期销售服务会帮助顾客解决问题，给顾客留下良好的印象。网购时经常遇到的“亲”就是商铺客服拉近与顾客的距离、提供良好服务的最好体现。

“亲”曾经在一段时间内火爆网络。“亲”之所以能够火爆网络，就源于我们在生活中缺乏相应的良好服务态度，而“亲”拉近了买者与卖者的距离，使买者感觉受到了尊重。

从事淘宝客服工作的人年龄一般比较小，由于不清楚卖家的具体年龄，对如何称呼对方并不清楚，所以干脆创造出一个“亲”来代替所有客户，这样可以不用顾及对方是叔叔阿姨还是哥哥姐姐。而这样的方式，也逐渐为大多数人所接受。可以说，淘宝的“亲”让我们感受到了亲切的服务态度和良好的购物体验。

02 第二章 这些直播间里的营销秘籍你懂吗

从吃喝玩乐到衣食住行，直播已经渗透到我们生活的方方面面，影响十分广泛。当你用价格不菲的礼物去打赏心仪的主播时，你知道自己已经落入那些深藏不露的营销秘籍的圈套了吗？

第一节
美女直播间

1. 营销需要艺术

美女在进行直播时，往往会选择使用一些深藏不露的营销策略。当我们点开美女的直播间后，常会看到美女主播们穿着相对暴露，这样暴露的衣着会让很多男性观众兴奋不已，自然也就更加容易获得观众们打赏的礼物。

有的美女主播会根据自身的优势选择一些可爱的衣服，如一些宠物装扮，这样的装扮会为美女主播们惟妙惟肖的模仿增添观赏性。当然，与暴露装扮不同但却有相似之处的“制服装扮”，同样也会吸引无数男性的目光。制服装扮不仅能够让美女带领观众进入到角色扮演的精神境界中，还能层出不穷地为观众提供新奇的感觉，让观看者沉迷。

在着装方面，美女主播倾尽全力吸引顾客。除了衣着，美女主播还会选择使用甜美的声音来吸引观众。当然，这种声音一部分是主播们天生的，另外大部分则是主播刻意细着嗓子说的。对于天生嗓音较粗的主播来说，她们可以通过专业的录播软件和修改声音的软件改变自己的发音。美女主播刻意为之的甜美声音，会让观看直播的观众在点进直播间的那一刻就先被声音所吸引。

美女主播的这些刻意为之的行为，目的是吸引观众刷礼物。除了外表和声音外还有语言和行为等多种方式可以吸引观众为其刷礼物。

从主播的语言上来说，除了声音方面，还有就是说话的内容。有的美女主播会选择使用比较露骨的语言刺激观众送给她礼物。有的则会选择使用特殊的说话技巧，如激将法之类的。这些特殊的说话技巧有点类似电话推销使用的话术，一般来说效果不错。行为方面，一般是指美女主播们的身体行为，也就是肢体语言。如长发飘飘的美女主播会时不时撩动自己的长发；又如一些穿着暴露的美女主播，配上一些特殊的肢体语言，这些都能吸引观众给这些美女主播刷礼物。

这样的直播中均存在对观众极具诱惑力的美感，以致于主播们不需要直接向观众索要礼物，就可以通过各种方式对其引导或者暗示，帮助自身获得更多的礼物。

当然，每个主播都会有一个到多个的“守护”。这些“守护”可能是主播的死忠粉，也有可能是主播线下的朋友。守护的作用不可小觑，主要体现在：在直播过程中，为主播营造气氛；在表演高潮时，为主播刷送礼物；在别人诋毁或者辱骂美女主播等过激行为或过度针对主播的事情时，“守护”可以激起周围人的同情之心，烘托气氛，为主播“守护”，以此来达到让更多的观众刷送礼物的目的。这同样也是当下美女直播的一种营销方式与手段。

2. 不仅要靠脸，还要有实力

随着微整形的风靡，网络美女主播们也变得越发漂亮。但是，直播终归要展示自身的才艺。即使一个人长得很漂亮，我们也需要通过与其沟通才能获得愉悦感，毕竟不能把美女主播当成一幅画来欣赏。这就要求美女主播具有一定的实力，这个实力首先需要其具有一定的才艺，歌唱、舞蹈等都可以在直播间中进行展示。才艺也是美女主播吸引观众的主要方式。比方说主播通过点唱歌曲的方式获得观众的礼物，演唱的歌曲需要具有一定的水准，否则就无法留住足够的观众。因为观众的选择比较多，如果主播没有实力，观众会在观看后离开该直播间，转而选择其他有实力的主播。

主播的实力还包括情商。美女主播需要有很高的情商，她们的直播形式就是与多名观众进行沟通交流，虽然不需要和观众语音聊天，但还是需要对观众的文字进行回复。观众在直播间中的言论多种多样，并不是所有的言论都会令主播们感到快乐。谈论的内容中甚至会充斥着观众对于社会的抱怨，这就要求主播具有很高的情商。主播要对观众们的赞美予以回应，也要虚心地接受观众的批评，对观众的指责要及时化解。这种复杂的沟通环境需要主播有足够的能力去控制直播间的言论方向，这对主播的情商能力提出了较高的要求。

3. 要记住，这仍旧是个看脸的世界

食、色，性也。我们总是会喜欢长得漂亮的人，在观看直播时也是如此。尽管我们希望美女主播们演唱的歌曲好听，跳的舞蹈漂亮，但是最开始吸引我们进入直播间并愿意花费时间留在直播间的还是美女主播的漂亮容颜。美丽的外貌会令人产生愉悦感，这点在平常的相亲活动中也能看出一二。

在一个唱歌好听、容貌较差的女主播和一个唱歌较差、容貌姣好的女主播之间，大多数观众还是会选择进入姿色姣好的主播的直播间观看直播。这是由人倾向漂亮美好的事物的特性决定的。这样的特性从《诗经》等先秦书籍中就可以看出，“所谓伊人，在水一方”体现出人们对姿色美丽的人的喜爱。

这是一个看脸的时代，看脸是这个时代突出的话题。

曾经有一个关于“颜控”的调查，调查过程中为了保护被测试人的权益，采用了在线调查的方式。该调查的主题是“在这个看脸的世界中，你会是颜控中的一员吗?”，结果显示：66.8%的受访者觉得自己身边的“颜控”很多，51.9%的受访者认为自己身边的“颜控”非常多，33.8%的受访者认为自己是“颜控”（此数据与实际情况相比可能较低）。整个调查结果在年轻人特别是“80后”“90后”群体中体现得更加明显。社会学家对此数据提出了自己的看法，他们认为“赏心悦目会决定双方能否交往”。

同时，据哈佛大学心理学专家研究，人类从3岁开始就倾向通过人的相貌来判断对方的性格特点。儿童更加容易信任外表靓丽的成年人，而随着年龄的增长，人类对外貌的关注度会不断增加。如此看来，“看脸”确实是人类的本能。

第二节
游戏直播间

1. 你知道游戏有多赚钱吗

目前，一些知名主播的收入与国内一线明星的收入不相上下。其实，游戏直播比秀场直播等社交直播或泛娱乐直播更早出现。这是因为网络游戏的人口基数大，有较好的群众基础。游戏爱好者的黏度高，稍经曝光即可使游戏直播产生非常大的流量。当然，这一切与直播平台提供的流媒体基础设施、内容供需的匹配以及平台背后的融合有密不可分的联系。

随着中国4G网络的普及和流量资费的大幅下降，手机拍照、录屏功能的开发以及弹幕等互动方式的完善，游戏直播在中国迅速崛起。在中国，从事游戏直播的主播靠用户购买虚拟道具、用户打赏的增值服务来盈利；以游戏分发为主的渠道价值以及电商模式、PC和移动端游戏市场硬件、专业设备、广告、订阅和月度VIP会员付费等来进行盈利。

而主播们的大部分收入包括三部分：第一部分是游戏主播们和游戏直播平台的签约金，这一部分的差异很大。知名游戏主播的签约金会很高，而一些普通的游戏主播的签约金就相对一般。像若风等曾经的职业选手、MISS等职业视频解说的签约金几乎与国内一线明星相差无几，而普通签约的游戏主播们的签约金就相对较低。

游戏主播们收入的第二部分是游戏主播们获得的粉丝礼物，粉丝在游戏直播间中刷的礼物会按照一定的比例分成给主播。这部分收入会在一月几百到一月几万之间，不同的主播收到的粉丝礼物价值会不相同，差距比较大。

游戏主播们收入的第三部分是淘宝网店的收入。游戏主播在进行直播时会对自己淘宝网店中的商品进行宣传，且商品的种类比较多。以MISS为例，MISS的第一个淘宝网店是销售电脑外设的，而机械键盘、游戏鼠标几乎是所有游戏主播必推的产品；MISS的第二个淘宝网店是销售零食的，其与专业的零食生产厂家进行合作，这样既保证自身销售零食的品质和食用安全，又可以通过与商家的合作降低自身的成本，增加淘宝网店的收入；MISS的第三个网店是销售年轻时装的，这个网店中销售一些适合年轻人穿的时装，有时候MISS会亲自展示她的时装产品。随着“直播+淘宝”模式的火热，使用这种模式的主播增加了淘宝店中商品的数量，没有使用“直播+淘宝”模式的主播也开始采用这种模式。从过去统计平台的统计结果中可以发现，主播们一般可以通过淘宝网店的销售盈利几万元，知名主播的淘宝网店收入可以达到百万元。

游戏直播作为竞争异常激烈的新兴平台，目前以成型的斗鱼、龙珠、战旗、虎牙、熊猫五大平台为首，形成了中国游戏平台市场的实力矩阵格局。一线的游戏主播大多获得过国际赛事的名次，作为电竞高手，他们的游戏直播能吸引成千上万的粉丝关注，所以可以赚取丰厚的收入。游戏主播对于直播平台的依赖性较低，除了平台的直播以外，他们还会参加一些线下的活动，如参加一些职业联赛的解说活动、游戏运营商组织的线下活动，进而从这些活动中获得一部分收入，当然其中的一些线下活动宣传主播自身的作用更多一些。他们的收入来源多样，在强大的游戏主播争夺战中不断被抬高身价，从各个角度看他们都有赚取丰厚收入的能力。

2. 游戏文化的价值

近年来，各种游戏风靡世界，除了电脑游戏之外，专业的游戏机（如索尼的 PS4）的推出也为众多的游戏爱好者带来了极致的享受。游戏公司也不遗余力地推广自身的游戏，世界级的游戏赛事不断举办，成为无数游戏迷的年度盛世。由此，电子竞技在游戏爱好者的追捧和游戏公司的推动下应运而生。

我国出台了法律法规，将我国的电子竞技活动划入体育活动，由体育部进行相应的管理。这种划归方式很科学，电子竞技就类似于体育竞技，不同的竞争者在比赛中可以提高自身的能力，为了最高的荣誉而奋斗，并在竞争中获得快乐。

游戏文化在游戏不断发展、游戏设备不断改进之后应运而生，所谓的游戏文化与体育文化相似但不完全相同。去观看一场电子竞技的比赛需要购买门票，这一点类似我们去看一场足球或篮球比赛。同时，电子竞技也像足球、篮球运动那样，有相应热爱该项运动的人，也就是我们所说的粉丝。

粉丝会为他们喜欢的电竞职业选手加油欢呼，几乎其他运动员会享受的待遇，电竞职业运动员都会享受到。这其中就会产生电竞选手与粉丝的互动，也会发生很多有趣的事情。游戏也会推出手办、玩偶等游戏的衍生产品，这些游戏的衍生产品往往受到游戏爱好者的欢迎。有的游戏爱好者还会像收集邮票那样专门收集自己喜欢的游戏人物手办。

现如今，游戏厂商还推出了与游戏内容有关的电影，为我们所熟知的就是游戏“魔兽”，在“魔兽”系列游戏运营多年后，推出了电影《魔兽》，电影《魔兽》的全球票房达 4. 32 亿美元。

电竞比赛、游戏衍生品、游戏内容改编的电影等都是游戏文化的重要组成部分。游戏文化具有体育文化与娱乐文化两者的特点，它是人们娱乐休闲的一种方式，也是人们缓解自身生活压力、寻求一定放松的方式。

从游戏主播的直播类型划分上，我们也可以看出游戏直播的价值所在。首先，游戏主播的直播方式可以分为娱乐型和专业型两种。娱乐型的游戏直播是游戏直播的主要方式，在国外的游戏直播平台上看到的比较多，这和国家文化有一定的关系。

但随着中国的年轻人以及其他年龄段的人对于游戏的认可，中国也逐渐出现了娱乐型的游戏主播。娱乐性型游戏主播并不会通过专业的操作和意识来吸引观众观看他们的游戏直播。他们往往是通过一些搞笑的方式来娱乐大家，让大家在游戏直播中感受到快乐。在这一点上，游戏直播的功能类似我们看到的一些喜剧类节目，或者是我们看到的一些喜剧类电影和电视剧。

在娱乐型游戏主播的直播间中，游戏只是他们展现自己的一个载体。他们通过自己在游戏中的操作以及在游戏中的讲解来展现自己对游戏的理解和他们的娱乐精神。观众在看他们的直播时也并不是为了学习某种“操作”或者是某种游戏中的认识，而仅仅是为了在他们的游戏中获得一种快乐，就像我们花费几十元去电影院观看一场喜剧电影，或者我们在电视机前花费一个小时或者几个小时的时间去看一期搞笑的综艺节目。

在这一点上，娱乐型的游戏主播能很好地缓解人们在生活中的压力，让人们在繁忙的生活中有了一个释放自己心情的地方。

游戏主播的另一个类型就是我们经常说的专业型。其实，大多数人进入游戏主播直播间的最初想法就是观看这一类型的游戏主播的直播内容。因为玩家希望通过专业型游戏主播的操作和讲解来提高自己对游戏的理解和认识，希望能够在较短的时间内通过观看专业型游戏主播的直播来提升自己的能力，通过观看直播的方式，让自己在游戏中的发挥、表现能够让自己和队友满意。

专业型游戏主播会给观众讲述以下内容：我们应该怎么去认识这个游

戏，怎么去理解这个游戏，在游戏的开始、中间、结尾应该进行什么样的操作，我们与自己的队友应该进行怎样的沟通；如果是一个单机游戏，我们会在这个单机游戏中遇到什么样的困难、遇到什么样的关卡，我们应该在哪个地方进行什么样的操作，或者是需要去下载什么样的内容才能通过这一个关卡。

专业型和娱乐型的游戏主播各有各的优势，也各有各的劣势。观众喜欢在游戏直播中体验娱乐型游戏主播带给他们的快乐，也希望在专业的游戏解说中了解游戏，增强自己在游戏中的发挥。

游戏会变成一种文化，游戏也有自己的文化，而游戏和社会生活中的文化进行结合也会形成另外一种文化。现在我们把这三种文化统称为游戏文化，这意味着我们对游戏文化的理解并不是那么的透彻。

游戏文化可能会像我们所熟知的爱因斯坦的相对论有狭义相对论、广义相对论之分那样，游戏文化也可能会拥有它自己在狭义和广义上的定义。

游戏文化的内涵和外延还等待我们进一步去研究，随着新兴科学技术的发展和对直播和游戏的进一步认识，我们可能会重新定义现在所认识的游戏文化。按照现在对游戏文化的理解，游戏文化是具有重要价值的。

未来人们会对游戏文化有新的定义，也会从其他方面去扩展文化的内涵。但总体而言，人们对游戏的基本认识和基本理解是不会变的。从游戏最基础的认识和理解来看，我们是认可游戏文化的。因此，即便以后游戏文化会有新的内涵和外延，其基本的文化价值也不会改变，也就是说游戏文化的基本内涵和价值内核是不会改变的。

3. 游戏文化的发展趋势

随着时代的发展，游戏文化会有更多的展示机会。例如，西安体育大学开设了电竞专业，该校希望通过设立电竞专业，培养从事电子竞技的职业选手和电子竞技游戏的视频解说员。从西安体育大学设立电竞专业可以看出，我国对游戏已逐步认可，我国的游戏文化也在不断地发展和多样化。

未来，游戏文化会更加注重人对游戏的体验和互动。现在的虚拟现实技术将会被更加广泛地应用到游戏中，用户会获得比现在更加多元化的游戏体验，且用户可以置身虚拟世界中体验游戏。随着硬件的升级，未来直播会演变成一种更实时、互动更强的社交新方式，VR/AR 直播或将虚拟现实技术应用到游戏中，目前已经成功研制的虚拟现实游戏有“生化危机 7”等具有实战性意义的游戏。美国的 VR 游戏实验员亲身体验现实场景中的“生化危机 7”时，她不禁惊叫、恐惧，并用真实的应对方式来进行游戏。利用 VR 虚拟技术的“生化危机 7”使游戏玩家可以通过佩戴相应的设备，与网上的其他玩家一起游戏，而不是仅限于现在的单机或手游游戏模式。

未来，游戏文化会变得像体育运动那样更加具有参与感，可以在网络上体验多种活动，可以体验网上模拟的现实活动。游戏爱好者会随着游戏的普及而增加，游戏会更加倾向于生活化，游戏活动会更多地出现在生活中。例如，现在体育运动员会使用游戏模拟器械进行自身的康复训练，这样的器械经过普及后，会成为普通人的瘦身工具。

未来，游戏文化会更加具有娱乐性，游戏玩家在游戏中的沟通会变得更加合理。比如枪战类的游戏，会更加准确地模拟战场中出现的声音，在枪战类游戏中的沟通会更加接近真实的战争；生存类游戏会更加生动地模拟生活中遇到的情景，游戏中的人物可以按照我们所说的话进行相应的回答，从而使游戏更具可玩性。

第三节
美食直播间

1. 唯有美食与“吃货”不能放过

现在的美食直播节目几乎千篇一律，基本上就是摄像和一个“喂食者”带一个吃货吃遍天下美食的历程。美食节目，自然少不了美食的成分，且美食的种类多样，但不管是什么样的美食，是辣、是咸、是酸，到了吃货的嘴里，总是让人感觉十分好吃。这也许就是吃货的魅力吧。

美食是美食直播的标配，一般是全国各地的知名美食，当然肯定不会是我们所熟知的北京烤鸭、陕西泡馍之类，一般都是“喂食者”为吃货们精心选择的当地知名而其他地方鲜有所闻的美食。观众们看到美食主播们吃着美味的食物后，会选择合适的时机、以合适的理由出去旅游一趟。让自己像美食主播一样当一回吃货，这也许就是美食直播的精髓所在。

“吃货”也是现在美食直播节目的标配。美食直播中的“吃货主播”好像都是大胃王，满满一桌子的菜，在他们的详细解说和并不好笑的段子中被吃得干干净净。然而，这样吃饭一般会花费好几个小时，赶得上一顿豪华法式大餐的时间了。我们看到的吃货总是一个可爱的萌妹给我们介绍着“喂食者”们精心准备的美食。为什么一个超级“大胃王”却能在直播间里吃得开？一个是直播的吃货是萌妹子，娇小可爱不显胖，人们看着她吃，自己也仿佛在享受美食的味道。还有就是人们总是抱着极其强烈的猎奇心理观看直播："我就要看看这么小的人，那么小的胃是怎么把那么一大碗美食吃完的！"不可否认的是，我们每个人都有这种猎奇心理。在这样的直播里，不仅宣传了主播自己，而且还通过这种方式推广了美食，这对美食商户来说是何乐而不为的一件事。直播里自带美丽、美食、美女和香气，吸引 IP 自然手到擒来。

美食主播这样的直播方式其实和电视直播一样，最开始也是出现在韩国的电视节目中，可以说吃饭已经成为韩国网络直播的主流。于 2006 年上线的人气在线直播应用 Afreeca TV 凭借其独特性和极高的人气打造了韩国当红的美食频道。这个频道只讲美食不讲其他，主播们在摄像机前直播吃东西，吸引越来越多独自用餐的网民，似乎这样相互陪伴着吃饭能让"独食者"找到家的感觉与温馨。其平台上的当红主播，拥有超过 3 亿次的播放量，并拥有 67 万人的粉丝俱乐部。由于美食主播之间有明显的竞争，使主播们必须为了提高节目质量而煞费的苦心。

王思思这个做过幼师，在家是小公主、在外是邻家小妹妹的女孩子来到 YY 后，凭借天使般清纯的面孔赢得了一大批粉丝，并得到了 YY 女神娜宝的青睐，收为徒弟。在她的直播中，桌子上满满的都是美食。思思的直播在晚上 8 点左右开始，为了能够在屏幕前给大家幸福的感觉，她常常一天都不怎么吃东西，只为了在屏幕前能够给观众展现最有食欲的自己。思思很瘦却答应了 61 主持美食档的请求，一方面是自己想要尝试挑战，看看自己是否能在主播领域独树一帜；另一方面是对直播行业寄存的希望和热爱，这份希望与热爱让思思在小主播不吃香的主播行业坚持了下来。

在韩国电视节目中，吃货们一般都会在短时间内挑战吃大量的食物。当然，他们吃的时候会附加一些很夸张的表演，这些表演有吃货们的面部表情，也有他们的肢体语言。在2000年左右的韩国美食类电视节目中，吃货们存在的主要意义是为了提高节目的收视率，他们在节目中吃大量的食物也是为了制造话题，为美食类综艺节目创造一个新的话题和看点。

韩国是亚洲四小龙之一，2000年左右韩国的经济发展水平要远超其周边国家。因此，那个时候的韩国人生活水平和物质上的水平相对较高，所以说像这样能够体现生活水准的、享受类的吃货直播方式或者说是食物推荐栏目类的直播方式会在韩国的电视节目中出现。

不过，这样的吃货直播方式并没有在2000年的韩国产生什么特别的影响，它只是为韩国的美食类综艺节目中提供了新的方式，让人们在观看美食类节目时有了新的体验。其实，随着网络科技的不断发展和信息技术的不断进步，也随着我国改革开放以后经济的不断发展，我国国民的生活水平和物质水平也在不断提升，我们也在逐渐地接受这种吃货直播。

吃货直播之所以能在网络上吸引到不少观众，就是因为这样的直播满足了观众们的猎奇心理和窥视他人的心理。说起来其实很简单，就是我们的内心会对未知的事物产生一种好奇。猎奇心理其实也就是我们平时所说的好奇心，概括起来就是想要去做别人不让你去做的事情。

这种猎奇心理根植于我们的基因中。我们对未知的人和未知的事物都有一种想知道的欲望，从感性的认识开始，再到经过专业的学习将其转化为一种理性的认识。整个猎奇的过程实际上就是学习的过程，学习是人类与其他生物不同的一个显著特点，也是现在很多生物学家认为人类与其他生物具有区别的特点，是现在对人类的一个重要的定义。

再回到吃货直播中观众的猎奇心理上，做美食直播的主播一般都是身材娇小的女子，而她们吃的东西一般都是比较著名的东西，可能是100只龙虾或者是100只大虾，或者是其他一些我们认为以女主播娇小的身形根本吃不下的食物。

但是这些身材娇小的女主播往往能够在直播期间吃完我们认为她们不

可能吃完的美食，甚至还会在观众吃完这些食物以后再吃一些甜点或者喝一些饮料。在不可思议中激发观众内心的猎奇心理，会对这样的美食直播产生不可抗拒的喜爱。有网友曾戏称这是一类有“魔性”的直播。

当然，观众的心中也一直存在这样的疑问：身材娇小的美女主播们是怎样把这些我们认为根本不可能吃完的食物吃完的呢？同时还有另外的一个疑问：这些美女主播在吃完这么多我们认为根本不可能吃完的食物以后为什么不会发胖呢？况且她们吃的都是一些高热量、高蛋白的食物，这就更让我们对这些身材娇小的美女主播为什么屡吃不胖产生了好奇。

美食主播们在美食直播中努力为我们创造出一个窥探他人的情景。从美食主播们努力选择一个合适的美食直播场地，我们就可以看出主播在为我们创造一个良好的观看情景上花费的心思。

美女主播们一般都会选择在自己家中进行美食直播，当然也有一些吃货主播会选择在一些相对比较火热的餐厅中进行直播。其实，美食主播选择这两个地方作为直播场地都是有专门的考量的。在女主播的家中进行直播，特别是在女主播的卧室中进行直播，对很多喜欢看美食直播的男性观众来说，能够特别满足其内心的猎奇心理和窥探心理。正是因为美女主播采用了这种刻意选择直播场地的方式，才留住了很多喜欢观看直播的观众，同时为这些观众留在直播间中打赏、刷礼物提供了可能。

我们之所以喜欢看美食直播，有很大一部分原因是我们对美食本身的喜爱。美食直播中的很多食物都是我们喜欢吃的，且直播中的美食大都是价格相对较高的食物，一般都是我们在生活中希望购买而又苦于囊中羞涩不敢购买的食物。当然，美食主播并不能保证美食直播中的食物能让所有观看直播的观众都喜爱。针对这样的情况，美食主播们一般都会采取让观看直播的观众们挑选自己喜欢的口味，然后再准备食物进行直播的方式，当然直播过程中也会按照观众的要求进行相应的搭配，以满足观众对这个美食直播节目的喜好。

2. 美食主播吃饭从不付钱

这些美食主播在直播吃美食时会给我们一种错觉，那就是美食主播们吃饭好像从来不需要付钱。主播们吃了满满一桌子海鲜，好像是一分钱都不用付的。

自然，美食主播们吃饭不付钱是不可能的，看一下美食直播中出现的店老板们的神情就可以知道，主播们自然都是提前付过钱的，只不过美食主播们模糊了付款的流程罢了。有时，付钱的也不都是美食主播，有的是“喂食者”或者其他和主播关系亲密的人，如家人。

我们不排除美食主播为店老板做广告，店老板不收取费用的情况。其实，美食主播们大多数还都是需要吃饭付钱的，这在许多新做美食直播的主播直播间中能够很明显地看出来，他们一般会说在哪里买了什么之类的，比较资深的美食主播一般都会省略掉付款环节或者让他人帮自己付款。因此，我们会产生美食主播吃饭不付钱的错觉。

从事美食直播的主播们往往拥有比较固定的观众，这些观众有的时候会通过直播间观看美食主播吃饭的直播，有的时候会选择观看喜欢的美食主播的相应视频。很多美食主播的观众数和他们直播间里面的粉丝数都是居高不下的，这些美食主播就很容易从喜爱他们的观众和粉丝身上获得可观回报。这些经济上的可观回报足以让美食主播们支付他们在美食直播间中吃食物所花费的费用。

美食直播做到了美食与媒体的结合，美食主播可以在直播平台上释放自己吃货的天性。随着科学技术的进步以及人们生活水平的提高，我们逐渐接受了这种吃货的直播。它对我们生活的改变实际上是改变了我们对于自己所处环境的认识。同时，这样的美食直播也改变了我们对自己周边美食的理解和认识。

34 岁的 Anne 是韩国最火的美食主播之一。每天 8 点，她都准时出现在网络直播间里，为大家直播她吃饭的全过程。每天至少有几千名粉丝等着和 Anne 聊天，看她做饭，尤其是吃饭。Anne 每天没有什么特别的活动，有时候她会吃 12 个牛肉馅饼、30 个清水煮鸡蛋加上一盒海鲜沙拉。总之每顿的饭量都很大，而且非常丰盛。对 Anne 来讲，直播吃饭已经成为她的主要营生手段。她每个月能获得将近 10 万元的收入，此外还能通过直播从食物赞助商和广告商那里获得额外的收入，并且观众还可以在 Anne 直播吃饭时以赠送气球等增值礼物的方式进行打赏，即便 Anne 每个月花掉 5000 元左右来购买那些美食，但是在收入比例和观众的赞赏中，她仍觉得这是值得的，并备感欣慰。她喜欢陪伴人们吃饭的感觉，也很庆幸自己的直播能够让一些人感到温馨幸福、不孤单。

其实对我们自己来说，“身边并不缺少美，只是缺少发现美的眼睛”。将这句话改一下就是“身边并不缺少美食，只是缺少发现美食的眼睛”，这句话用来形容观看美食直播后的心情是非常贴切的。我们看完美食直播后，经常会有这样的感慨，感慨自己在某个城市生活了多年，但是一直没有发现这个城市中最美味的食物原来就在某一个自己经常路过但是从来没有去过的地方。

从直播的分类来看，“吃货”主播们直播的方式实际上有多种选择。我们在美食直播间中可以发现，美食主播自己吃的可能是家常便饭，也可能是他们所在的城市正在流行的美食。我们也会发现，有的美食主播会直播我们国家的一些小吃，这里面的小吃有的是著名的，有的是不著名但是很美味的。对大多数人来说，一次美好的吃饭体验可能仅仅就是因为品味了一道美味而难忘的小吃。直播的形式在主播们的努力下相似又有明显的不同，尽管每个主播都想要在有限的空间里打造出不同的内容，但还是避免不了网络直播的大同小异。在美食直播中，更多地、更具特色地展示食物的特色并且发挥出主播的陪伴与聊天作用，这才是美食直播的大趋势。

当然，现在也有很多好的节目性直播，并非一定要由主播亲自上阵。节目性的直播往往更倾向带领观众们走出去，去一个人们平时懒得去或者更具诱惑性却没有时间去的地方，挖掘出更多、更新鲜的食材与小吃，带观众去探索更多新鲜的美食与美食环境。只有有了更多层出不穷的想法，才能在相同的美食直播中挖掘出不同的特色，让美食直播变得更多元化、更富深度与内涵，才能提升内容品质，将美食直播进行到底。

3. 美食经济的蓬勃发展

“食、色，性也”，如果说美女直播是“色”对直播观众的吸引力，那么美食主播就是“食”对观众的吸引力了。美食对所有人来说都是具有吸引力的，色、香、味，任何一个都会吸引着热爱美食的人。

美食直播的出现会在潜移默化中改变我们对吃的认识。这些主播往往会直播价格昂贵的美食，如龙虾、帝王蟹，似乎昂贵的食物就像是菜市场的白菜，几乎不用花什么钱。这样的引导，导致我们在购买美食的过程中不再像之前那么吝啬。而更多的美食消费，增加了美食的销售量，从侧面促进了食品行业的发展。

曾经《舌尖上的中国》改变了我们对吃的认识，这部纪录片将我国美食经济引向高峰。很多人会选择一边看《舌尖上的中国》，一边购买相应的美食。如此，淘宝便成了纪录片《舌尖上的中国》观众们满足自己再吃一吃“家乡美味食品”的平台。

这一部纪录片，给我们带来的是全国食品的介绍，不怕中国地方大，就怕吃的不好吃。在《舌尖上的中国》大火后，具有中国特色的食物火爆网络，如毛豆腐、诺邓火腿等。其中，《天涯厨王》节目对诺邓火腿进行了专门的讲解。根据淘宝平台的统计，诺邓火腿在《舌尖上的中国》播放后迅速大卖，从关注不多的食品变成热销食品。

从另外一个方面，我们也可以看出美食的诱惑力。在美国、加拿大等接受较多华人的国家，餐馆厨师的受欢迎程度很可能超过一个大学交流生和其他行业的人士。有时候这是不可以想象的。在很多真正懂得美食真谛的国家，厨师是一种很受尊敬的职业。厨师们懂得食材在什么季节最适合吃，怎么吃才不会产生毒性，在什么样的温度下以什么样的刀工、用什么样的工具才能让食物的美味达到极致。在国外的米其林餐厅，很多人一掷千金只为品尝大厨亲手做的美食。大厨做的美食可以说是被一路追捧，而他们本身也成为美食背后的传说。

厨师的重要性是他们把美味带给了我们。老一辈有这么一种说法，“想要一个人的心，就用饭菜拴住他的嘴”。这句话最开始是说给待嫁的姑娘听的，现在姑娘的地位高了，这句话就很像是对小伙说的了。但是无论如何，如今人们对美食的追求更胜从前。以前吃是为了果腹，现在吃则是为了享受，或者可以说是为了娱乐。人们在生活水平提高的同时不断追求食品的质量、味道、口感乃至精致程度。

此外，随着网络直播的发展，周边商铺的美食在网络上获得了广泛的传播，在一些外卖平台上也可以看到附近的美食。在美食直播中可以通过主播们的讲述知道哪里有美食，而我们一般会选择在自己旅游的时候顺便去品尝一下美食主播们介绍的美食。主播的美食直播具备不可言说的诱惑力。一方面，主播已经赢得了网络观众的信赖；另一方面，美貌与才能兼备的主播自身就有一种诱惑力，再加上美味可口的食物，这诱惑更加令人难以抵挡。主播效应加深了人们对食物的好感，让食物变得不再是可口那么简单，而是具有一种神奇的吸引力，能够勾起网络观众的好奇心与尝试心理，使观众跃跃欲试。

美食直播就是针对这种“想要”的心理，不断地叠加人们对食物的欲望，加上后期的口口相传和人际网之间的传播，这些美食乃至美食商铺就出名了起来，生意自然火到不可言说。因此可以说，美食直播的开销看似比较大，可是其背后隐藏的广告价值、宣传价值却比一般饮食投资的升值空间大得多。反观美食主播，其实美食类主播比一般主播要享受得多。因为不同类型的美食直播能够让他们在直播时感到幸福。有美食和观众们的陪伴，这个主播是不是当得让吃货们感觉福利满满？

第四节
明星直播间

1. 偶像的巨大号召力你看到了吗

在看到主播通过直播大赚特赚之后，明星也按捺不住加入直播大军之中。以刘涛为例，刘涛开始直播时，她身边的许多明星都不知道她在干什么，以为她在拍照，正想和她合影，才发现她在直播。就这样，刘涛免费获得了其他明星粉丝的礼物。

与网络主播相比，明星明显占有优势。因为明星本身就有一定数量的支持者，他们并不需要像网络主播那样确立粉丝群。在明星没有开直播之前，就有粉丝在机场等明星经常出现的地方“蹲点”，最著名的莫过于虹桥一姐。

明星开直播间会吸引来大量的粉丝，这些粉丝喜欢见到他们的偶像，希望知道明星们生活中发生的事情。明星直播往往能够吸引大量的粉丝来围观，以《奔跑吧兄弟》第四季 Angelababy 与观众的直播为例，短短 10 分钟内在线人数达到 33 万之多，结束直播时总观看人数达百万。明星们一般不经常参加直播活动，一旦直播，往往能在短时间内吸收大量的流量，可谓是吸粉无数。从 Angelababy 这个例子我们就可以看出偶像在直播时的巨大号召力。

TFBOYS 的队长王俊凯在美拍直播平台上以个人身份首秀，观众数突破 600 万，点赞人数超过 5 亿，评论的数量也达到 826 万。鹿晗在 ME（YY 旗下针对年轻人的直播平台）的个人演唱会 10 分钟内就吸引了 180 万观众在线观看，整个直播演唱会点赞数超过 10 亿次，可见，明星影响力是一般主播所不能及的。

明星会在多种情况下进行直播，主要是在能对自己产生影响的一些活动中进行直播。比如，明星可能会在自己新电视剧的发布会或者自己新电影的发布会期间进行相应的直播活动。明星希望通过直播的方式为自己的电影或电视剧做宣传，增加电影和电视剧的曝光率。有更多的观众看直播，就有更多的观众会走进电影院观看电影，会在电视机前观看电视剧。当然，明星与直播平台是双赢的。明星给直播平台带来了流量，直播平台也增加了明星的粉丝数量。直播平台也会和明星签约，明星可以获得直播平台支付的费用，同时明星也可以获得虚拟礼物的收入。

有的明星将自己的演唱会开到了网络直播间中，蔡依林在北京的一次演唱会就通过网络全程直播。有的明星会选择直播自己的生活，如直播做菜、直播爬山、直播散步。明星直播自己的生活很容易吸引观众和粉丝的关注，观众作为普通人总是想知道明星的生活是什么样子的。

明星直播有许多观众观看的原因有以下三个方面：

第一，渴望了解明星的窥探心理。

这一点与美食主播们选择在家中或者在一些与主播生活有关的地方做直播是一样的道理。观众希望能了解明星们的生活情况，知道明星在生活中是什么样的，这样的心理也是粉丝出现的原因。“狗仔队”拍摄的模糊照片之所以会大卖，就是因为观众和粉丝希望知道明星们平时生活的情况。

第二，猎奇心理在作祟。

大多数观看明星直播的人都会或多或少有猎奇心理。我们对自己没有见过的事情总是会产生好奇，希望有人能解答自己的疑惑。以前明星都是远离观众的，突然间出现了直播这样一种可以和明星互动的方式，观众自然会对这种可以观看真人说话聊天的方式感到喜爱。观众在自身猎奇心理的驱使下，会特别留意明星们的直播情况。

第三，希望与明星交流的心理。

普通观众希望和明星进行交流，粉丝更希望能够得到一个和喜爱明星交流的机会。可以说，明星直播间之所以能够吸引这么多的观众和粉丝去观看，实际上得益于明星本身的明星效应。此外，还得益于观众普遍接受了网络直播的方式。因为许多明星都不是在网络直播刚出现的时候就进行直播的，而是在直播这种形式发展到一定阶段，为大众所普遍接受以后才开始。所以说，明星直播能够吸引这么多观众和粉丝观看，网络直播的火热也起到了一定的作用。

2. 大众娱乐需求爱作祟

其实，明星直播很好地适应了大众娱乐的需求。在平时，即使明星们再怎么小心，再怎么伪装，总是能有粉丝和小报记者找到他们。可以说，粉丝们总是想尽办法去了解他们喜欢的明星们在干什么。

明星直播就很好地解决了这个问题。明星直播，一方面可以吸粉，在吸粉的时候进行自我宣传；另一方面，可以增强自身和粉丝们的互动，减少疯狂粉丝“跟踪式”的追星。

大众需要茶余饭后的话题和槽点，而明星就满足了大众的这些需求。现在我国网民喜欢使用表情包，各种自制的表情包层出不穷。而明星主播们就针对这一点，努力表现，增加粉丝制作表情包的素材。前面提到的Angelababy能在10分钟内吸引粉丝33万，就在于她在那10分钟内努力变化自身的表情，并尽力满足粉丝们的要求。明星们的这些行为，满足了大众娱乐的需要，获得粉丝们的欢迎也就是情理之中的事情了。

我们观看明星直播的一个重要原因是我们希望通过观看明星直播的方式来寻找和自己爱好相同的观众。喜欢观看网络直播的人年龄普遍比较小，一般是“90后”和“00后”。“90后”和“00后”都是随互联网长大的，在其成长过程中普通受到了自由文化的影响，他们比较有个性，喜欢按照自己的想法来做事情，不太喜欢别人给自己过多的安排，但自己做完事情后又很希望得到他人的认可。网络直播出现后，“90后”和“00后”群体希望通过网络直播的方式来寻求自我认同和心理上的共鸣。明星直播会吸引大量的年轻人，而这些年轻人希望寻找到和自己爱好相同的、和自己喜欢同一个明星的人。

明星效应实际上有很大一部分是人的从众心理造成的，因为我们总是会有这样的想法：大多数人觉得好的事情，大多数人会选择去做的事情，就是正确的事情，就是应该去做的事情。随着互联网的快速发展，我们进入了信息爆炸的时代，信息的更迭速度已经远远超出我们需要获取信息的速度。我们的阅读变得碎片化，我们的知识也变得碎片化。在信息爆炸的时代，我们很难通过自己的选择去确定什么信息是有效的，什么信息是无效的。因此，很多时候我们会根据朋友的推荐、网络上的热搜、头条新闻等来决定自己选择什么样的商品。

在信息爆炸的时代，几乎每一个人都会有选择困难综合征。在这样的情况下，我们就会特别地关注时下热点和热门人物，对于朋友的推荐和网友聊天会选择认可，放大了我们的从众心理。因此，某位明星在进行网络直播的时候，只要有我们身边的朋友或者是网友喜爱这位明星，我们基本上就会通过好友给我们分享的链接，去明星的直播间中观看一段时间的直播。

3. 粉丝经济的市场

无论是明星经济还是网络主播经济，归根结底还是粉丝经济。没有粉丝的明星就是“光杆司令”，也就算不上明星了。粉丝经济最早由约翰·费斯克定义的，他认为粉丝经济是一种游离于文化工业和官方文化之外的“影子文化经济”，同时他还认为粉丝经济具有主流文化和官方文化经济的一些共同特征。

传统的粉丝经济以粉丝消费明星的文化衍生品为主，属于粉丝圈子内的小规模经济，圈子外的人很难接收到信息融入其中。在网络直播中粉丝经济不再是传统的小规模经济，互联网的传播特性使粉丝经济呈现出影响力更大、类型更多元、创新力更强的新特征。

明星开演唱会、拍电影、电视剧的收益基本上取决于自己粉丝的数量。现如今小鲜肉当道，明星演技的好坏并不会影响他们的票房，而粉丝的数量成为影响票房的重要因素。现在粉丝们看中的不是作品质量，而是自己喜欢的明星的出镜数。

明星网络直播也是粉丝经济。一方面是和自己线下的粉丝们互动，增加自身在粉丝中的好感度；另一方面可以通过直播吸粉，还可以在直播间获得礼物赚点外快。归根结底，明星直播消耗的还是粉丝经济，需要粉丝们的喜爱和追捧。

粉丝经济包括四部分内容，即基础价值、广告价值、交易价值和服务价值。其中，基础价值是核心，其他价值是基础价值的商业化表现形式。

基础价值（也就是商业价值的核心）指的是粉丝的数量和忠诚度，这也就是一个拥有700万粉丝的papi酱能够估值3个亿的原因所在。广告价值就是当明星的粉丝数量不断增加，其吸引的广告商的数量增加后明星收到的广告费用。同时，如果有网络平台愿意为某位明星长期运营他的粉丝，为粉丝提供相应的服务，该网络平台还可以向粉丝收取一定的会员费，粉丝的这部分价值就是服务价值。

粉丝经济的交易价值不仅体现在明星及与明星合作的商家可以向粉丝售卖东西上。还可以通过粉丝间的合作，使粉丝经济突破粉丝群体，明星可以充分利用粉丝个体的力量实现更大规模的交易。如时下最热的众筹模式，粉丝可以通过个人的努力帮自己喜欢的明星实现梦想。

最近比较著名的一个众筹案例就是 86 版《西游记》曲作者许镜清众筹开办音乐会，韩寒在自己的微博上帮助许镜清众筹。许镜清最终成功众筹并在人民大会堂的大礼堂举办了音乐会。这次音乐会的成功举办一方面得益于人们对 86 版《西游记》的热爱；另一方面得益于韩寒等明星的粉丝经济作用。

第五节
二次元文化直播间

1. 为什么直播间的二次元文化如此浓厚

首先需要解释一下什么是二次元。二次元最开始是在日本出现的。日本动画、漫画、游戏等最初是由二维图像构成，也就是说其图像是一个平面。以我们对世界的理解，一个平面就是二维，因此对动画、漫画、游戏3个领域的特殊称谓就是二次元。日本的动漫游戏产业十分发达，其动漫已形成完整的产业链。动漫俨然就是一个独立的世界，里面的人物无所不包，因此我们将动漫世界称之为“二次元世界”。二次元世界的本质就是我们对现实世界（三次元世界）的模糊的美好印象。火热的动漫如《灌篮高手》《火影忍者》等为我们虚构了一个世界，在这个世界中，主人公往往都是历经挫折，有过坚持，也有过放弃，最后总能够成为自己和他人的英雄。这里面处处展现现实生活的点点滴滴。

二次元世界中的人物总是会遇到各种困难，他们似乎生下来就有一个使命，然后就是一个又一个的挫折和困难。但是，二次元的人物总能给我们正能量，总能在放弃无数次后选择坚持自己最初的理想。这样的剧情满足了年轻人的需要。二次元给“90后”“00后”带来了一种坚持理想的动力。现在的年轻人，不同于他们的父母，他们坚持自己的想法，更加注重独立，而“90后”“00后”的父母们却多数坚持自身的想法是正确的。年龄之间的代沟，就像是一个不可逾越的鸿沟。在我国尊老的传统文化下，年轻人无法很好地将自己的观点传达给长辈。在屡次尝试无果以后，年轻人放弃了努力，进入到自己小时候充满希望、充满梦想的二次元世界中。年轻人自身也知道由动漫、漫画、游戏构成的虚拟世界在现实世界中是不存在的，但是这个二次元世界可以让他们获得内心的满足，获得同样喜爱二次元世界的年轻人的认可。

之所以解释这么多，意在说明二次元满足了现在“90后”“00后”内心的需要。曾经“80后”被称为中国“垮掉的一代”，现在去问“80后”，他们的内心对于“垮掉的一代”还有不少的怨愤。现在的“90后”“00后”也受到了类似的不公正待遇。因此，这些年轻人希望有一个途径来表达自己的观点和想法，而二次元直播很好地满足了年轻人的心理需要。在二次元文化中，喜爱二次元的年轻受众们往往会选择使用日常生活中不会用到的语言，以此来展示自身的个性和独立。在二次元的直播中，他们能找到相同想法的人，在二次元的交流中交到朋友，获得认同感。

二次元直播最初就是这样的一个沟通过程：不同的人将自己喜欢的动漫、漫画、游戏互相分享，互相预测接下来的剧情，这有些像朋友们聚在一起聊天。二次元直播发展到现在，主播们会选择一个二次元角色进行扮装，这就是我们常说的Cosplay。这样的Cosplay模式获得了许多年轻人的认可，吸引了许多年轻人的关注。

年轻人是网络直播受众的主体，他们拥有较多的自由时间，能够去观看网络直播。正是由于这些年轻人喜爱二次元的方式和模式，才会让我们在直播间中看到许多的二次元直播。

2. 御宅族的茁壮成长

御宅族最初是日本一个带有贬义的词，它形容的是日本年轻人中热爱动漫和精通游戏但不喜爱现实生活的人。在我国，这个词一般不具有特定的褒贬义，词性更加趋向中性。对我国特别爱好御宅文化的人来说，他们会认为御宅族是一个褒义词。

御宅族具有以下特征：御宅族会对自己所热爱的 ACG（动漫、漫画、游戏）领域具有狂热性，御宅族往往对 ACG 领域的内容有深刻的理解。御宅族可以应对 ACG 的爆炸性资讯和信息，他们会通过多种方式和途径去搜寻和考证与自己所热爱的 ACG 有关的信息。御宅族会对 ACG 作者预留的暗号一个不落地进行解读和研究。御宅族还会拥有超出常人的向上心和自我表现欲，他们会通过多种方式将自己对 ACG 的热爱表达出来。

按照日本人中森秀三对御宅的理解，御宅族以 10 年为一个时间段被划分成五个世代。其中，第一世代的御宅族出现在 50 年前，那时 TV 动画《铁臂阿童木》与观众们见面，这些第一世代御宅族的成长过程中伴随电视的发展，他们的成长赶上了日本经济高速发展的时代。1970 年，第一世代的御宅族赶上了大阪举行的万博会，他们对自己的未来和自己国家的未来都充满信心。在他们的成长过程中没有计算机和网络，他们在 30 多岁时才得以接触网络，通过自学，第一世代的御宅族通晓、掌握了计算机和网络的使用，他们体验了模拟时代到数字时代的转变。

第二世代的御宅族出现在 40 年前，这一世代的日本人赶上了阿波罗计划，电影《星球大战》在全球上映，日本动漫《机动战士高达》也于 1979 年在电视上与观众们见面。这一世代的人赶上了东京迪士尼乐园和电脑游戏，当时的任天堂可以说风靡世界。Hello Kitty 也成为那一世代女性御宅族的最爱。

第三世代的御宅族出现在 30 年前，《龙珠》《美少女战士》是他们的最爱，这些至今仍然火热的经典，在当时吸引了无数的粉丝。《龙珠》和《美少女战士》中的角色成为他们心目中的英雄，同时通过历险成为英雄的模式是第三世代御宅族心中希望拥有的成长模式。

第四世代的御宅族现在的年龄也就20多岁，他们赶上了科技的快速转变，PC的快速发展为他们提供了更多热爱ACG的途径，他们可以更加实时地追更、追刊。

第五世代的御宅族现在还是10多岁的青少年，从小就有PC和手机等，从小就可以接触到ACG的他们，生活中似乎已经无法缺失ACG。在ACG的耳濡目染之下，他们成了御宅族中的生力军。随着这些10多岁的青少年的成长，相信御宅族会出现更加繁荣的局面。

我国御宅族大概出现在日本御宅族第二世代末到第三世代初，那时的中国随着改革开放经济的发展和人民生活水平的提高，以及义务教育的普及，闲暇时间逐渐增加，我国逐渐出现了御宅族。不过那时的御宅族在我国还是饱受非议的。现在随着我国经济的进一步发展，御宅族逐渐被接受，御宅族这一称呼也逐渐趋向中性，并迅速成长。

3. 二次元经济趋势

《2015中国二次元用户报告》显示，中国二次元消费者已达2.6亿。随着人们对版权的重视程度的增加，二次元产业会获得快速的发展，动漫和游戏将更受欢迎，消费者的数量也将不断增加。我国年轻人逐渐接受二次元文化，对二次元文化的包容程度也在不断增加，二次元直播也获得了更多人的接受和认可，这些都使二次元文化市场迅速发展。哔哩哔哩等二次元文化平台影响力不断扩大，逐渐获得了数量庞大且稳定的用户群。

同时，二次元文化的衍生品种类和数量也在不断增加，如以ACG元素为主的银行卡、ACG人物手办以及ACG人物毛绒玩具等都在市场上获得了充分认可。随着二次元文化的火热，我国对二次元文化的政府投资和民间投资也在不断地增加，这也是我国近年来出现《魁拔》《大圣归来》《大鱼海棠》等优质国内动画电影的原因。

优质的国内动画电影获得了国人的认可，并且获得了很高的票房，其相应的漫画和手办等衍生品更具有中国特色，也更易为国人所接受。由此可以看出，二次元在我国会继续发展，在我国优质国漫相对较少的实际环境下，二次元经济会在较短的时间内获得较大的进步。此外，二次元经济的辐射范围也变得更广，与其他产业的联系也会越发密切，二次元经济的发展前景十分可观。

值得注意的是，虽然国内的二次元产业正蓬勃发展，但与日本相比依然有非常大的差距，特别是在 IP（IP 指的是 ACG 作品的知识产权）孵化与衍生品等二次元产业链的核心环节上，国内市场几乎处于空白状态。优秀原创的二次元 IP 寥寥无几，更不用说打造完整的二次元产业链了。因此，从另一个角度来看，引进日本的二次元产品，寻求日本二次元 IP 方面的合作，更多的是一种学习。

同时，国内的二次元厂商也开始关注 IP 的问题。我国也有过部分引人注目的动画，但是在火了一段时间后，就再也没有后续的声音了，而日本连载 10 年以上的动漫却有很多。IP 是二次元产业系统中的支柱，二次元商家只有立足 IP 才能获得最大的利益。

日本注重 IP 的保护，上游二次元产业可以培养并且挖掘二次元下游产业，二次元下游产业也在自己相应的领域拓展衍生品，通过二次元上游带动二次元下游、二次元下游反哺二次元上游的方式形成完整的二次元产业链。

我国对二次元文化产业的 IP 保护明显不足，打击盗版、仿冒品的力度也不够。因此，我国的二次元企业选择各自为政，很难有不同企业间的协作。当然，我国二次元文化产业的发展还有较大的空间。随着我国对知识产权的保护，打击盗版和仿冒品力度的加大，我国的二次元经济会获得长足的发展。

从 2007 年建立个人网站开始，A 站（Acfun）已经走过了整整 10 个年头的，却一直鲜有商业化的动作。2017 年 6 月 8 日，A 站正式对外宣布开始商业化，并在北京举办了第一场推介会。而此次一举拿下洛天依演唱会的独家直播权，也成为A站在宣布商业化以来所参与的第一次大型商业活动。

公开的数据显示，通过A站直播观看此次洛天依演唱会的观众人数，仅在PC端就突破116万。直播过后，数万用户自发地在弹幕上刷屏“AC在，爱一直在”来表达他们对此次活动的赞美。

在中国的二次元领域，洛天依以及Vsinger其他成员都有很高的知名度。他们与在全世界范围内都颇有人气的初音未来一样，都是以日本Yamaha公司推出的VOCALOID语音合成引擎为基础，进一步开发出的虚拟歌手软件角色。

2012年7月12日，以知名配音演员山新为声源的VOCALOID首个中文声库正式发布，洛天依这个灰发、绿瞳、头戴碧玉、腰坠中国结的虚拟形象，从此也与中国的VOCALOID爱好者，乃至整个二次元文化结下了深厚的渊源。

为这些虚拟偶像创作音乐作品的人叫作“P主”，他们在创作原创曲的过程中，通常会按照自己的喜好为这些音乐作品加入更多的元素。比如由H. K. 君创作、洛天依演唱的传说曲《千年食谱颂》（播放量突破100万），由于这位P主在创作过程中加入了大量美食的元素，粉丝们对这样的设定也是非常喜欢。于是，虚拟偶像洛天依从此就有了一个新的称号——“世界第一吃货殿下”。

在很多二次元爱好者的眼中，洛天依是一位由粉丝共同创造出来，且同样“有血有肉”的偶像。包括洛天依的性格特点、衣着打扮，甚至是她所演唱的歌曲风格，一切都由粉丝们共同决定。由于为她创作歌曲的P主往往受二次元文化的影响较大，于是在洛天依的身上就出现了更多核心的二次元亚文化属性，进而吸引到了更多粉丝的关注和喜爱。

对大众而言，虚拟偶像在大众领域不断出现，带来的不仅仅是二次元文化的新奇有趣，更是AR、全息投影等最新技术带来的满满科技感。而对不少二次元爱好者来说，洛天依在三次元世界的不断曝光，对虚拟偶像这种亚文化的未来发展而言，更是一件值得鼓励的事情。

对不少年轻人来说，无论是虚拟偶像也好，二次元文化也罢，这些亚文化不仅能满足他们的个性化需求，还能很好地体现他们对生活以及文化方面的追求。随着亚文化群体近些年不断被资本和大众社会所看重，以二次元文化为代表的各类小众亚文化正逐渐呈现出崛起的态势。

与以洛天依为代表的二次元文化一样，机器人、模玩和科幻等垂直领域的内容，不仅能给年轻人带来满满的正能量，同时相比主流也有进一步探索，他们都具有相同的文化特性。在互联网改变整体商业生态的情况下，只有凭借特性这样的“符号化资产”才能让更多的用户沉淀下来；只有持续做有趣的东西才能吸引新的用户。

如今，成为一个综合性视频平台的窗口期已经过去。对商业化姗姗来迟的直播平台来说，深耕多个垂直的亚文化内容，或许已经成为实现进一步发展的最佳选择，同时这也是最符合 ACGER 对内容需求的做法。

随着过去 10 年间 ACGER 在年龄、阅历等方面的不断成长，他们喜爱的内容也早已从相对纯粹的二次元 ACG，逐渐拓展到科幻、极客、影像等其他垂直领域。而各个板块有趣、多元化的亚文化内容，让这些垂直领域的板块最终成为一些直播平台重要的流量来源。

在商业化这个问题上，二次元直播平台或许还需要更多的时间去进一步地探索和准备。但是对 ACGER 来说，二次元直播平台所做出的这些转变其实都是他们内心深处所希望见到的，他们也非常乐于见到更多新的或者曾经熟悉的面孔回到直播平台上，让更多他们喜爱的角色展示在年青一代面前。

第六节
音乐直播间

1. 能红起来的都是奇葩

能够红起来的音乐主播可能都是奇葩，当然这里所说的奇葩没有贬低的意思。一般来说，有两种歌手人们会关注：一种是天籁之声；另一种是五音不全。这两种都可以称作音乐直播间中的奇葩。

音乐主播中有声音特别好听，天分也特别高的。专业的演出首先需要有专业的演唱技巧，而直播间里的音乐主播大多没有受过专业的训练，能力无非是不断练习，熟能生巧，这点就很类似之前出名的“大衣哥”。还有就是专业演出的入门门槛太高，普通的音乐爱好者很难进入，加之专业歌手的成长周期太长。因此，声音好、天分高的主播更加愿意从事音乐直播，而不愿意成为专业歌手。

当然，有演唱好的，就有五音不全的。这一部分主播多是不惧五音不全，去参加线下的选秀节目而为人所知，从此一举成名。他们为人所熟识的原因自然就是五音不全的唱腔。当然，现在流量就是收入，就是曝光率，就是关注度。这些五音不全的“歌手”顺势而为，自然就成为音乐直播中的一股“泥石流”。

2. 参差不齐的音乐直播

参差不齐的音乐直播，这一点是显而易见的。声音好听的主播能让人享受音乐，声音怪异的主播则让人怀疑人生。有的主播将自己喜欢的歌曲加以改编，听众抱着试听的态度听了一下，会有特别好的感觉。但也有这样的音乐主播，能让听众听过后完全忘记那首歌的原唱应该怎么唱。在直播间中改编原唱的情况是很多见的，主播演唱他人歌曲的情况也很常见。在音乐选秀节目中也能看到很多歌手改变原唱的演唱风格进行音乐再创作，给我们带来许多耳目一新的感觉。

音乐主播们的能力参差不齐，音乐的包容性在其中起到了一定的作用。换作其他的直播方式，我们就很少会看到能力较差的人从事直播。比如，游戏直播间中的主播一般都是游戏方面的高手。一个人进行游戏直播，他首先考虑的是自己的操作能力，如果自己的操作和专业知识都不过关，他一般是不会从事网络游戏直播的。

音乐的演唱是没有门槛的，任何人都可以在自己心情好或者心情不好的时候哼唱歌曲。所以说，音乐是一个人人都可以参与的活动。因此，在音乐直播间中从事音乐直播的人的水平会出现参差不齐的情况，毕竟音乐不像游戏排名那样可以直观地显示一个人的能力。做音乐直播就是给观众展示能够刺激他们的声音，没有让观众震撼、不能让观众嗨起来的直播就是有问题的音乐直播。

现在，我国的音乐内容和音乐资源相对匮乏，市面上的音乐从业者多数是投机分子，钱只要好赚就行，能做到 60 分的事情，只要有个 20 分左右就足够了。中国的多数音乐都是走唱片与后期制作的，真正能够拿到直播现场的声音，能够打动听众的也许连 10% 都不到。

国内好的直播太少，很多都缺少规范的制作流程。音乐本身即以声音为重，但现场艺术加上表演也同样重要。如果说音乐占 40% 的话，那么其他元素占60%。在电视或者手机上听现场演唱永远不能替代现场互动的视听感受。目前国内在硬件上已经标准化了，基本上达到国际级的水平，现在还缺少的是技术人才和追求极致的态度，不粗制滥造的音乐直播才能保留住观看直播的用户。

3. 音乐直播如何营销

音乐直播的营销方式有多种，最直接的营销方式就是通过打赏点播，这几乎是每个音乐直播间都会采取的支持方式。打赏点播歌曲，一般都是喜欢主播的观众进行相应的点播。打赏点播的收入是音乐主播的主要收入。当然，音乐主播还有其他的盈利方式。比如说销售一些化妆品，如面膜、唇膏、口红之类。这些化妆品的成本一般比较低，而且比较适合音乐主播进行推广销售。一般音乐主播在直播时都会化妆，通过自己的妆扮，就可以很好地展示自己营销的化妆品。

相比其他主播的营销方式，音乐主播的营销方式除了点歌，就是聊天了。这样的方式比较普通，也比较传统，但是营销的效果还不错。点歌既为音乐主播带来了经济利益，也帮助音乐主播赢得了观众和粉丝。

除了这些传统的营销方式之外，现在音乐主播与音乐平台合作，发起所谓的“造星运动”。现在的“造星运动”，是一种比较火热且具有可行性的音乐直播营销方式。“造星运动”，类似星探去街上寻找富有天赋的演员的过程。通过“造星运动”其实就是线上的选秀节目选出的“明星”的收入也类似一个音乐明星从默默无闻的草根变成大明星的收入。

音乐主播与其所在的直播平台签有相应分成的协议，对普通的音乐主播而言，除了自身在直播间中通过点播等方式获得的虚拟礼物的收入以外，他们还可以从自己与直播平台签订的合同中的基础工资中得到相应的收入。同样，直播平台也会为其平台上的音乐主播们举办相应的线下推广活动，为音乐主播们寻求一些合适的商业演出和线下推广活动。

第七节
户外直播间

1. 直播界待开发的新领域

户外直播是一种新兴的直播模式，随着《荒野求生》节目的大火，很多人逐渐发现自己对野外生活有一种天生的向往。这样的需求受到国内希望从事直播的人的关注，他们会尝试从事户外直播。

目前，我国的户外直播还比较有限。虽然我们每个人都希望走出钢筋水泥的城市，回归自然，但在钢筋水泥的城市中生活太久的我们已经很难适应野外的生活。“手机党”“低头族”似乎就是对当下人们最生动的描述。这种情况下，谁又能适应野外的生活呢？对希望从事户外直播的人来说，情况也是这样的。他们虽然有比一般人更加强健的体魄，但是对变幻莫测的野外生活还是会有恐惧。

由于观众对户外直播有大量的需求，同时乐于从事户外直播的人、可以从事户外直播的人的数量比较少，所以户外直播相较其他直播才更能获得观众的喜爱。同时户外直播的条件不同于室内主播，很多人对户外直播使用的网络并不太清楚。这样的不熟悉，说明人们对户外直播的陌生以及其对户外直播这种新型模式的关注。

虽然户外直播的模式和方式到现在仍没有固定，但已经发展出了更加贴近生活的城市生活体验类、聊天类的户外直播模式。可以说户外直播相较其他直播模式还是一个新的领域，还需要更多愿意从事户外直播的人来开发。

下面，我们举几个操作性较强的例子。

比如，我们在户外直播中可以直播自己旅游途中的风景。对喜欢骑单车的人来说，骑单车去旅行是再好不过的事情。那么，在我们骑单车去旅行的路途中，我们就可以通过一些录制视频的工具和相应的无线网卡来记录自己旅行途中看到的美丽风景。户外直播中的旅游风景，可以在我们外出旅游的途中拍摄或者在外出旅游的目的地拍摄。我们还可以直播自己骑单车去旅行的路途中遇到的人。在旅行的路上，我们会看到各式各样的行人，会遇到和自己一样的骑行者，还有一些乘车去旅游的人。

户外直播也可以和动物有关，如户外直播可以直播钓鱼的情况、可以直播在南方的水田中捉黄鳝的过程等。如果没有户外直播这种方式，可能很多北方人一生都不会知道黄鳝长什么样子。在没有户外直播这种方式之前，我们对除了自己所在城市以外的其他城市实际上是非常陌生的，甚至对所在城市旁边的城市也会感到陌生。在没有户外直播之前，我们对其他城市的理解可能仅仅停留在电视或者网络上。

户外直播增加了人们对不是自己常住城市的了解，人们通过户外直播了解其他地方的动物和植物，也了解其他地方的文化、美食以及人文风情。

户外直播也可以直播一些极限运动。极限运动的类型比较多元化，可以直播蹦极，带领观众去领略蹦极的惊险和刺激。也可以直播攀岩，攀岩是一种手脚并用的活动，对人的身体素质要求较高，也很考验人的思维能力。对一些职业比赛的攀岩选手来说，有的时候选对路线才是攀岩成功的关键，且在比赛中攀岩靠的不仅仅是蛮力，还有攀岩运动员对于比赛用的攀岩赛道的理解。

2. 户外直播的优势

户外直播不确定性更大，更能吸引观众的眼球。同时，户外直播避免了室内直播一个固定背景的单调乏味。现如今，很多人抱怨“主播们在直播间挂一块背景图，然后就开始直播了，主播所处的真实环境我们根本就不知道，感觉直播中不乏虚伪的成分”。有些直播公司自己构建直播间，招聘主播在几平方米的空间里从事直播活动。这些直播间一看就是经过精心装修的，而在直播中主播们往往说自己是在家中的卧室进行直播。这样的“谎言”让许多观众在观看直播的同时，心中不乏有抵触情绪。户外直播相较可以“伪装”的室内直播，“伪装”的可能性要小得多，可以带给观众更多的真实感。另外，户外直播的过程中会有一些不确定因素，如户外生活会遇到许多突发事情，这样的小插曲让户外直播更加富有趣味性。

人们对野外的生活有一种天然的向往，都希望走到外面去感受自然的变化。但我们往往要面对不停地加班、节假日的拥堵等现实，这些现实让我们走向户外的冲动越发强烈。户外直播可以让身处工作场地的我们感受到户外正在发生的事情，我们可以通过主播的镜头获得各种各样的体验，欣赏美丽的自然景色。变化的内容、多样的形式，让户外直播可以满足观众们的好奇心。这也使户外直播与室内直播相比更具竞争力。

户外直播中，我们可以体会到户外主播对于事情变化的掌控能力。在户外直播的过程中，我们可以体验许多我们不能亲身经历的事，而户外主播就相当于替代我们体验了这些事情。

3. 户外直播营销有新招

最为正宗的户外直播自然是野外求生类直播，这样的直播就像是特种兵野外拉练，需要在野外寻找可以食用的动植物来填饱肚子。虽然这种求生类直播很难进行，但却很受观众的欢迎。在我国，受审查制度的限制，求生类直播受到了重重约束。结合实际情况，“吃串”的户外直播模式更容易通过审查。这也就是我们经常在户外直播中见到“吃串”类直播的原因。

我们可以在“吃串”类户外直播中见到主播吃各种串，有的会去店里吃，有的会自己制作，然后自己烤着吃。串的种类多，串的辣度也从“无辣”到“巨辣”不等。当然，“吃串”演变成“吃辣比赛”也能够吸引观众。串上的食物也不尽相同，在吃串的直播中，串上似乎可以串上各种食物包括我们认为不可能成为食物的东西，充分满足了观众的猎奇心。一句话，只要可以串起来的东西都可以成为烤串的食材。

“吃串”的直播既可以通过虚拟礼物获得收入，也可以通过给烧烤店铺宣传获得收入。下面所说的直播方式更易获得收入，那就是单身的福利——“撩妹”直播。

“撩妹”的户外直播是“圈粉”和赚取利益的有效方式。最直接的“撩妹”直播就是在闹市区或在商场中“撩妹”。这样的撩妹地点更能冲击眼球。由于主播和妹子不认识，主播们往往会被拒绝，而每次被拒绝，都是主播们狂收礼物的机会。如果“撩妹”成功，主播可以获得观众们的赞美，可以收获礼物，获得收入；如果“撩妹”失败，主播在获得一片嘘声的同时，也可以获得礼物，从而获得收入。因此，“撩妹”户外直播可谓是一本万利的事情，真是“我走过最长的路，莫过于主播们的套路”！

03 第三章 盘点那些你眼熟的直播营销新玩法

别老以为直播间是草根文化的聚集地，实际上，大牌都爱玩直播。直播营销技术哪家强，学会这几招，走遍天下都不怕。

第一节
杜蕾斯直播 100 人试套

1. 走过最长的路，就是杜蕾斯的套路

“走过最长的路，就是杜蕾斯的套路”，这句话真的是一点都没有错。从 2016 年 4 月 18 日起，杜蕾斯就开始从其官方微博招募 100 名情侣参与广告活动，这次广告的招募活动随即在微博和网络上“炸开了锅”，该广告活动每天火热，持续发酵。微博预热一周后，杜蕾斯在其官方微信公众号上推送了预热公关文和相应的直播入口链接（公关文在 4 月 25 日推送，直播入口链接在 4 月 26 日推送）。在 4 月 26 日晚 9 点，整个直播活动进入高潮，优酷、乐视、哔哩哔哩、斗鱼等多个平台同时进行该广告的直播活动。据统计，几大直播平台同时观看人数达百万之众，吸引了无数人的关注。无数的大学生在屏幕前观看这场持续时间长达 3 个小时的广告直播活动。直播第二天，其他媒体频道纷纷报道该事件，使该广告直播活动更加火热，让那些没有及时观看的人后悔万分。

可实际情况是，这次杜蕾斯的直播活动简直是直播界的“小清新”，引发了无数观众的吐槽。杜蕾斯直播宣传广告上面的图片让我们不禁联想到日本的直播风格，可直播的现实情况却是杜蕾斯用实际行动证明其直播

活动完全不会受到我国广电部门的关注，直播画面简直就是“一个小时搬床，半个小时采访，半个小时体操，半个小时吃水果，另外半个小时迷之沉默，最后放了一个屁”。

2. 让客户不看就难受

杜蕾斯这样的直播方式就是让顾客不看就难受，此次无聊的直播活动整整持续了 3 个小时，从晚上 9 点到深夜。这样的无聊直播却让很多人一直集中精力从头看到尾，那些说看了个开头就关了的人大多是被欺骗最深的。从一开始人们就不愿意错过任何的镜头，希望会有些意外的收获，满足自己不可言说的需求。毕竟在许多人的眼中杜蕾斯就是性的代名词，而杜蕾斯也巧妙地利用这种心理，让看到的人都说无聊，没看到的人都想看，越看越无聊，但不看还想看，这就是杜蕾斯的套路。

让你不看都不行。如果不看杜蕾斯的直播，万一错过了什么精彩镜头，想要再去寻找困难了，所以观看时就要做到时刻也不能离开镜头，有一种欲罢不能的感觉。3 个小时的直播充分利用了观看者的猎奇心，也再一次让人们体会到杜蕾斯领导品牌的套路。从此，再也不相信人世间有“爱”，世界只有杜蕾斯的套路。

3. 得不到的永远在骚动，打好心理攻坚战

尽管这 3 个小时的无聊直播让人大失所望，但是观看者内心还是希望尝试直播中的情景，或者按照自己的想法改编一下直播中的剧情，然后享受一下杜蕾斯的最新产品，也就是在此次直播中推销的商品。虽然在直播中我们看到的只有搬床、铺被子、吃水果，然后发呆，虽然只有简单而乏味的内容，但如果这是在二人世界中，所有的一切都有变味的可能，这就是杜蕾斯的套路，让得不到的人内心永远在骚动。我们在吐槽、抱怨的同时，已经将杜蕾斯的名声宣扬了出去。

很多人在购物的时候都有“选择困难综合征”。特别是那些我们不太熟悉的商品，如果这个时候有个品牌的名字在我们的脑海中呈现，我们往往就会选择这个品牌的产品。这就是很多时候我们会看到电视台无限循环播放广告的原因。只要无限地循环，无数身边的人都在谈论杜蕾斯，或开玩笑，或吐槽，听到杜蕾斯的次数多了，自然也就记住了，在购买相应商品的时候就会倾向于选择杜蕾斯了。

这就是心理攻坚战，就像之前北京三里屯的一家服装店中的视频让许多人对一个不太熟悉的服装店连锁企业有了深刻的印象。同样，杜蕾斯使用的也是这种心理攻坚战。不过，杜蕾斯把握的度更加合理，这样的直播方式让顾客记住了这个品牌，也为之后杜蕾斯的销量和潜在的顾客数量的增加奠定了基础。

第二节
雷军直播小米 MAX

1. 史上最无聊的直播

雷军为了促进小米 MAX 的销量，自己开始了直播。网友们观看直播时直呼："小米董事长工资过低，雷军直播赚外快。"归根结底，雷军还是为了营销自己的产品。在雷军亲自直播小米 MAX 之前，小米官方就已经放出演员马丽手持小米 MAX 的视频。

在直播中，雷军称"不要游艇、法拉利、保时捷，只要鲜花，大家喜欢我，刷一朵鲜花就好了"。雷军的直播就是推广小米以及自家的小米直播，因此在直播中不乏推销手机的内容，感觉就像是免费版的小米 MAX 新闻发布会。米粉们当然积极踊跃，不过，直播内容类似发布会，毫无新意的网络营销还是会让我们感到无趣。

随着现代互联网宣传手段的进步，发布会直播对手机厂商新品发布的重要性自然不言而喻。一般发布会前，为了直播的顺利进行，都会进行提前的排练，以达到最好的效果，以最好的状态为网友带来新品的全方位感受。尽管如此，小米在 MAX 系列的品牌新品发布会上仍然出现了问题，这已经是今年发生的第二起问题了。

在早先小米6直播发布会上，正在公布售价的时候，直播的画面忽然全部黑屏，等到一切恢复正常，早已经过了公布小米6售价的部分，很多网友在观看直播后吐槽，为没能听到小米6的发布售价而感到遗憾不已。毕竟网友们观看直播最想了解的除了产品的性能，就是价钱问题。

尽管遭遇了一起直播事故，但是小米仍然没有放弃以直播推介新产品的决心。然而，小米MAX 2的直播问题比小米6还要严重。这次直播中，画面里不仅出现了华为的LOGO，甚至还有他们员工的排练画面，似乎是小米和华为的新品推介会换了场，并且还持续了很长时间，这让作为竞争对手的两家公司处于很尴尬的境地。

出了两次这样的事情，一方面是平台线路的问题；另一方面跟直播供应商爱奇艺也脱不了干系，后来爱奇艺方面也针对这次事故作了声明，并向网民作出了郑重致歉。

两次的新品直播事故，让整场发布会亮点全无，最重要的时间点却遭遇黑屏卡顿，这是网络观看者最不能接受的。

再说回到小米MAX系列第一部小米MAX，雷军直播小米MAX时说，该机型定位类似红米Note3，使用骁龙650处理器，内置4500mAh的电池，双卡双全网通，支持背部指纹识别。小米宣称小米MAX是一款高端旗舰机型，但是小米MAX的售价比起红米Note3要高出不少。小米MAX的实力并不强劲，更加深了我们对雷军小米MAX直播的无聊感，甚至有种多此一举的感觉，这也许就是网友称其为“史上最无聊的直播”的原因。

2. 免费，但也要找准利益点

虽然雷军这场小米MAX直播“网络发布会”不用花费太多费用，但是这样的营销方式还是应该符合观众们的心理需求。小米MAX的直播就像是新机发布会，介绍了CPU型号、运行内存、像素等基本配置，这样的直播内容并没有找准相应的利益点，观众们观看了小米MAX的直播后，只是知道了小米 MAX 的新机配置和售价，仅此而已。这样，在小米 MAX 新机正式发售后，会有多少人购买呢？这应该是雷军网络在直播小米 MAX 之前要重点思考的问题。

雷军直播小米 MAX，是自己过了一把当主播的瘾。虽然他也在直播中尽全力推销小米 MAX，但“打铁还须自身硬”，小米 MAX 作为一款旗舰机，应该在高性能或者高性价比方面做文章。很明显，小米 MAX 在这两个方面都没有满足。小米 MAX 的外观好看，屏占比高，在直播中可以将小米 MAX 的“颜值”最大化地体现出来。但是，对小米爱好者来说，高性能、高性价比才是他们更加关注的内容。

小米的直播是手机界的第一次，这样直播的成本也基本上可以选择无视。但是在直播小米新机时要抓住重点，否则小米新机的直播展示很有可能变成官方的吐槽平台。总之，在进行新颖模式的尝试时，不仅要考虑这种尝试的成本，也要找准利益点，使这种新颖的直播营销可以取得预期的效果。

3. 培养忠实粉丝，“圈粉”很重要

小米最开始出现时，在网络上吸引了无数人的关注，使喜欢它的人为之疯狂。那时手机设计者们都在认真地构思手机的外形、手机的配置、手机该使用哪个制造商的零件。热爱小米的“码农”们在忙完自己公司的工作后，还要熬夜对小米的手机系统进行修改和完善，检查小米系统中存在的漏洞，并寻找相应的解决措施。在这样的模式下最早的米粉出现了，米粉们狂热地爱着小米，认为雷军会成为中国的乔布斯，并将雷军称为“雷布斯”。雷军也没有让这些狂热的粉丝失望，在米粉们的“千呼万唤”中，雷军推出了小米手机这一凝聚大家心血的结晶。虽然小米手机靠着“饥饿营销”进行售卖，但是米粉们依旧热爱这款手机，并为之“疯狂”。

当雷军以这样的方式攫取到他在手机界的第一桶金后，他选择与传统

手机制造商相同的道路——雇用专业的人员包括专业的设计人员、专业的检测人员和专业的漏洞修复人员。这样的方式虽然让小米更具规模和竞争力，但也流失了一些原有的粉丝。起初雷军对此并不关注，认为事物拥有新鲜期，过了新鲜期，总有一部分人不再喜欢，自然粉丝的流失也就是合理的。但是后来雷军逐渐意识到粉丝的流失速度过快，因此他希望通过直播新机等方式来重新吸引米粉们的眼球。同时，他也希望能为“小米大军”带来新鲜的血液。

很明显，雷军的出发点是好的，只是方式中的有些地方需要改进。其实，雷军并不一定要时刻紧跟所谓的“时代潮流”。他需要关注的是如何采取措施培养忠实的用户，形成庞大的“粉丝圈”。这应该是雷军接下来思考问题和采取措施的出发点。因为，只有稳定和数量庞大的粉丝，才能让小米获得更多的曝光度和用户体验反馈。这既有利于小米自身的不断完善，也有利于小米扩大自身的市场占有率，增加自身的企业利润。

第三节
欧莱雅“零时差追戛纳”系列直播

1. 新时代，直播也升级

第69届戛纳国际电影节期间，欧莱雅在美拍的“零时差追戛纳”系列直播节目中，邀请了巩俐、李宇春、李冰冰、井柏然等一线大牌明星全程直播戛纳所见所闻。这样的直播模式开创了多个第一次：原来的主播们大都是草根明星，也就是常说的屌丝，这次欧莱雅联合美拍的直播是第一次直接邀请国内一线大牌明星；一般的主播都是长期进行网络直播，与直播平台有长期的合作协议，这次欧莱雅的直播只是为了迎合电影大事件——戛纳电影节而推出的短期直播；一般参与直播的商家都是默默无闻、规模较小的品牌，而这次则是化妆品领导品牌欧莱雅。

在互联网时代，新事物层出不穷，其红利期也越来越短暂。对商家来说，“要吃就吃头啖汤”，否则来晚了就跟白来一样。直播在近段时间已经成为各大品牌屡试不爽的“营销神器”。前脚有欧莱雅、植美村、上海家化等大牌吃螃蟹，后脚就有阿里聚划算与B站联合韩后、春纪、美康粉黛、珀莱雅、植美村、韩熙贞六大品牌共享盛宴。自带人气和流量的网红，是仅次于明星的“直播宠儿”。4月中旬，美宝莲纽约举行的新Slogan

发布会上就出现了50位美妆界网红的身影；植美村也携手100位网红达人，举行了一场以“100位网红带你出游”为主题的霸屏直播。次日，阿里聚划算也联合B站网红主播进行“我就是爱妆”Cosplay直播，面向网友赠送韩后、春纪、美康粉黛、珀莱雅、植美村、韩熙贞六大化妆品商家的产品。“直播+网红”的号召力和吸金力有多大，看数据就可以知道。美宝莲纽约新Slogan发布会当天，仅天猫就销售了近万支美宝莲新品。戛纳国际电影节期间，欧莱雅“零时差追戛纳”直播创造了311万的观看总数、1.639亿点赞数和72万条总评论数的记录。

“国民闺女”关晓彤在高考过后也开始了自己的处女直播秀，在直播中说说笑笑，时而害羞，时而乖巧，显得清纯而又可爱。通过直播，关晓彤微博粉丝数量瞬间突破1000万。范冰冰在参加巴黎时装周时，直播如何敷面膜、玩转自拍等，还念叨起了自己吃早餐的时候错过了一个煎蛋，甩开了自己的女神包袱，瞬间吸粉数十万。Angelababy是美图手机的代言人，在前往美图手机发布会途中，她还不忘通过美拍大玩直播，不到1个小时就吸引了73万多观众收看，点赞数破2900万。韩雪运用其流利地道的英文及谦和亲切的交流方式，首创了“明星教粉丝学英文”的直播新模式。韩雪在直播的1个小时里充分展现了自己的超高人气，在直播开始仅10分钟后就迅速收获了150万的花椒币。刘涛的直播仅仅开场5分钟就造成直播平台瘫痪，粉丝同时在线人数破17万，总收看人数高达71万，引起微博全民热搜。

不得不说，新时代直播也相应地进行了升级。明星、品牌商家纷纷把目光投向网络直播，品牌商家更是投入大资本、多渠道进行宣传，进行直播营销。直播逐渐变成广告销售的主要方式，它提升了商业品牌的影响力，增加了明星的粉丝数量，同时也帮助直播平台获得了流量。因此，品牌商家和直播平台均对这种明星直播模式表示欢迎。比如，柳岩、吴尊等明星直播一经开播便吸粉无数，仅吴尊上线1个小时就收获了3200单成交量，成交额 120 万元，成交转化率高达 7 倍。利用明星直播，一方面借用明星已有的粉丝进行产品的宣传与代言；另一方面明星转化来的粉丝还可以继续进行二次转化，二次成交，不断积淀。这就是产品企业借助明星的势力与影响力做的一次更为真实、更具信赖感的新营销推广。明星借助平台与产品和企业的赞助支持为自己增加粉丝，企业利用明星的形象以及粉丝对明星的信赖达成宣传与促销，这种运作的成本极低，既双方受益，又相互推动，何乐而不为。

2. 高额广告费，每一分钱都花在刀刃上

当听到欧莱雅和戛纳电影节的捆绑直播时，第一感觉就是要开始“烧钱”了；当听到巩俐、李冰冰、李宇春、井柏然等一线明星都参与此次直播后，就知道这次的直播完全是“烧钱”活动了。

这次欧莱雅的直播费用首先就是大牌明星的广告费用。国内一线明星的出场费就算不说，也能够想像的到价格的高昂。与美拍合作自然也要花费一定的广告费，当然也少不了为这次戛纳电影节直播的宣传费了。这些费用加起来看，欧莱雅这次真的是“广告费大出血”。不过，看看广告的效果就知道欧莱雅这一次的广告费可谓是每分都用在了刀刃上。

欧莱雅这次在美拍平台上的戛纳电影节直播一共吸引观众 311 万（总观看数 311 万），获得 1.639 亿总点赞数、72 万总评价数。虽然这些数据中可能存在一定的水分，但是欧莱雅这次的直播活动还是吸粉无数。从最直接的经济效益来看，欧莱雅在戛纳直播后短短 4 个小时内，其天猫旗舰店中李宇春使用的欧莱雅 701 号 CC 唇膏就已经被抢购一空。加之欧莱雅的这次直播可谓是开创了多个先河，对欧莱雅品牌的宣传和产品销售都会有很好的促进作用。

3. 借势营销，搭上戛纳的顺风车

戛纳国际电影节与威尼斯国际电影节、柏林国际电影节并称为欧洲三

大国际电影节，从中就可以看出戛纳国际电影节的分量。欧莱雅的这次戛纳直播就是借助戛纳国际电影节的名气和影响力宣传自己，以提高自身的品牌影响力，可谓是搭上了戛纳国际电影节的顺风车。

每年的戛纳国际电影节都会吸引无数的导演、明星、编剧、电影公司等与电影有关的各方注意。欧莱雅是一个化妆品品牌，销售的产品对电影明星来说，正好可以满足自己化妆、保养、追求美丽时尚和品位等的需求。欧莱雅最大的用户群就是电影明星，毕竟一直消费价格不菲的化妆品的普通人还是比较少的。

欧莱雅在戛纳国际电影节期间的直播活动，一方面吸引了许多关注化妆品的人的眼球，“剁手党”们争相抢购明星们直播时使用的化妆品；另一方面，直播活动也吸引了其他明星对欧莱雅化妆品的注意力。一线明星虽然是少数，但是明星的数量是巨大的，他们需要大量的化妆品，欧莱雅这样的直播营销模式也会让不太红的明星在选择化妆品时关注欧莱雅这个品牌。

第四节
素人选秀《夏日甜心》

1. 选秀节目的病毒式疯长

CCTV：《非常6+1》《星光大道》《CCTV 模特大赛》《青歌赛》；
湖南卫视：《快乐女声》《挑战麦克风》《节节高声》；
东方卫视：《魔法天裁》《加油，灰姑娘》《上海小姐》；
浙江卫视：《盖世群音》《我爱记歌词》《我爱西游记》；
江西卫视：《中国红歌会》；
东南卫视：《绝对主打星》《超级明星》；
江苏卫视：《绝对唱响》《名师高徒》《谁敢来唱歌》《魅力新主播》；
山东卫视：《联盟歌会》《先声夺人》《综艺满天星》；
广东卫视：《明日之星》《超级模特》《爱拼才会赢》《今夜唱不停》；
四川卫视：《一曲成名》《闪亮模坊》《乐踢越红》《想唱就唱》；
重庆卫视：《有你就有戏》《娱乐星工场》《青年汇》；
湖北卫视：《超级星秀场》《武汉小姐》；
河南卫视：《音乐男女》《世说新语》；
贵州卫视：《多彩贵州》《民星故事会》；

广西卫视：《全明星运动》《寻找金花》；

安徽卫视：《超级新秀》；

河北卫视：《大地欢歌》《自娱自乐》；

陕西卫视：《挑战极限》《我最爱唱歌》；

吉林卫视：《吉林偶像》《歌唱大擂台》；

云南卫视：《新五朵金花》。

这是中国内地电视台的选秀节目，这么一看，几乎每个省的卫视都有选秀节目。如果再加上中国香港、中国台湾的选秀节目，把现在选秀节目的增长方式称为“病毒式疯长”也就不足为奇了。

首先，我们对直播的病毒性特点进行分析。病毒的传播速度和危害是我们对病毒感到恐惧的原因。现在的选秀节目让我们看到了“抄袭”“模仿”“加工”“推出新产品”的完整流程，选秀节目大同小异，内容乏善可陈。真正优秀的选秀节目寥寥无几，选秀直播往往难以逃出“节目一火热，质量就下降”的魔咒。

随着我国选秀节目的病毒式增长，几乎达到国民可以按照地域随便选择相应卫视观看选秀节目的地步。大同小异的选秀内容，只是地区文化和主持人不同而已。这种情况下，年龄稍大一些的人，基本上只会选择自己所在地的卫视观看选秀节目。

其次，选秀节目的增长速度疯狂到超过人们的想象。一个事物的火热会引起许多人的关注和模仿，加之国人超凡的模仿能力，模仿出相应的节目十分正常。但是，各大卫视都在模仿选秀节目，这些卫视的创意在哪儿？比如，一家卫视推出的综艺节目大火，其他卫视也推出类似的综艺节目。当然也有卫视不选择跟风的，例如有的卫视有群众“闯关”类的节目，有的卫视就没有采取“模仿”的态度。可是，选秀节目完全不是这样，是有多少卫视，就有多少选秀节目，其增长速度可谓疯狂。

如此多的选秀节目的出现主要是因为改革开放以来，我国的经济和文化取得了长足的发展，生活的改善使人们对精神生活有了更高的追求，普通人也希望自己能够站上舞台展现自我。因此，选秀节目这种新的形式给了普通人一个实现梦想的机会。

选秀节目在一定程度上满足了普通民众登上舞台的愿望，以前只属于少数人的舞台，现在可以变成大众狂欢的场所。选秀节目的选手就是普通民众中的一员，他们站在聚光灯下实现自己的梦想。现在，没有参加选秀节目的普通观众，不仅可以投票决定选手的去留，甚至还可以与节目组协商改变节目环节。选秀节目中普通观众的参与感在不断增加，观众不再像之前那样被动地观看，其参与选秀节目的热情也在增加。观众关注度的增加也是我国选秀节目数量增长的原因。

现在的观众也更加注重选秀节目的节目设置和内涵，选秀节目也把握观众们的猎奇心理，不断在节目中制造悬念。选秀节目在节目设置、节目形态上也会尽量照顾观众们的欣赏口味。从选秀节目的火热，我们也可以看到观众文化消费的观念在不断地加深，观众不再仅仅满足于像早期的选秀节目那样发短信支持选秀选手，而是希望通过多种方式更加紧密地与选手进行接触。选秀节目也在努力满足观众的这种愿望。选秀节目的组织者通过各种途径寻求希望参加节目的普通民众，他们希望普通民众可以走上万众瞩目的舞台，接受他人的点评。

选秀节目的疯狂成长也得益于我国文化的繁荣。在文化产业中，文化是一种商品。一种文化，通过多种途径进行广泛的复制和传播成为一种商品。有学者认为，在现代工业社会中，文化的生产更加类似工业生产，文化被批量复制甚至是被相互抄袭，文化产品会逐渐减少独特的内容和独特的思想。消费这种文化，消费者们也会逐渐地被360度无死角的文化“洗脑”，从而逐渐放弃自己对自身意识的坚持，即大众自身真正的思考被文化制约了。文化就这样逐渐地适应商品经济社会，同时又和新兴媒体相结合被更进一步地推广。

现代工业社会中，我们更多追求的是数量，是工业产品的产量。随着人们变得更加浮躁，文化实际上也在逐渐变得工业化。我们现在看到的疯狂的、病毒式增长的选秀节目实际上就是文化逐渐变得工业化的一个侧面例子。

选秀节目实际上是在整个社会文化的工业化趋势变得明显以后才逐渐产生和发展的，现代工业文化中竞争最为激烈的是大众文化。随着手机、平板电脑、笔记本电脑等设备的更新换代，制造成本不断降低，普通民众拥有一个电子设备已不再是奢侈的事情。因此，电子设备购买费用的降低使大众文化逐渐变成文化的主流。一个普通的民众也可以在网络上宣传自己喜爱的明星。

普通民众在网络上对明星的宣传作用实际上也是粉丝经济的一个附加价值。随着科学技术的进一步发展，大众传媒的竞争逐渐从过去争夺电视节目的收视率变成争夺网络平台上的流量。选秀节目可以带来较高的收视率和平台流量，当然，不同的选秀节目带来收视率的方式也不尽相同。

选秀节目本身就有很强的宣传性。选秀节目一般都会有海选的过程，它在群众中的影响力是不言而喻的。同时，参加选秀节目的选手故事也会被炒作成话题，这些话题会吸引更多观众来关注选秀节目。

当然，选秀节目疯狂增长的一个重要原因还是选秀节目可以获得较高的商业利益。“甘愿在冷板凳上坐十年”，这样的文学传统在急功近利的现代工业化社会中日趋式微。选秀节目可以从节目冠名、广告、赞助、与场外观众的互动等多个环节获得相应的经济利益。

正是由于各大选秀节目都更加关注节目背后可以获得的商业利益，致使很多选秀节目实际上已经远离了自己标榜的价值和风格。这也就是很多观众抱怨自己所关注的选秀节目变得越来越没法看的原因。为了增加节目利润，选秀节目的商业运作模式逐渐僵化。

失去了自己独有的风格和魅力。选秀节目越发注重自身的节目利润和代言收入，节目的质量就会越来越差，节目本身的辨识度也会逐渐降低，观众对节目的关注度势必逐渐下降。没有了明确清晰的辨识度，观众很难在众多选秀节目中记住特定、具体的一个节目。因此最后，观众往往又会只关注自己所在省卫视的选秀节目。

这也是现在选秀节目的增长速度太快，似乎已经变成一种病毒式扩散的原因。失去了辨识度的选秀节目，基本上都是一样的，一样的思路，一样的过程，一样的结果。甚至许多选秀节目被爆出事先就已经商量好每位选手应该获得什么样的名次，哪位选手应该进决赛，哪位选手应该获得冠军或亚军。这些选秀节目的黑幕更加降低了观众对选秀节目的需要和依赖感。这些低辨识度的选秀节目，从某种程度上已经突破了观众对选秀节目可接受的底线。

2. 选秀营销的五大特点

选秀直播自美国引进至我国以来，一直受西方电视节目的风格和内容特征的影响。我国在20世纪初产生了选秀这类综艺节目，并在短时间内迅速衍生出风格迥异的节目，获得了众多人群的喜爱，成为电视荧屏上一个重要的节目类型。那么真正意义上的选秀又该如何理解呢？

关于电视或者是直播的选秀节目的概念在传播界一直没有一个广泛的共识，并未形成可供参考的概念。但是，有学者认为无论是出现在电视上或网络平台上的选秀节目，无论是有奖竞猜比赛，还是相亲、益智类的节目等，实际上都是借鉴了国外真人秀的设置方法和打造手法，为此这些节目的概念也姑且可以纳入电视选秀这种带有竞技意味的节目范畴之内。冉儒学先生是我国著名品牌营销传播专家、电视研究策划人，他曾经在公开场合明确提出："电视选秀节目即是在娱乐思想指导下的一种优秀人才选拔活动，追求的是娱乐效应和轰动效应，从而提高电视媒体的收视率与关注度，提升媒体价值。"由此我们可以看出，选秀节目强调的是娱乐性本质对提升媒体价值的重要意义。

当然，也有人通过对比国内外电视节目的类型将选秀节目归类为一种真实的表演节目。他们认为选秀节目能帮助普通人实现站在舞台上表现自己的理想。真人秀更多的是从普通人的海选开始，借助真人秀的节目形式，通过层层淘汰，站到最后的人成为实至名归的明星。或者是给普通人以短暂的专业化包装和培训，最终助其实现在舞台上展示非生活常态的“明星”梦想。这种选秀节目完全地激发出一般人想要借助平台展现才艺、追逐梦想的强烈欲望。其实选秀节目本就是民众之间低门槛或者无门槛的才艺选拔，而真人秀只是其中的一种形式。选秀节目的主办方将选拔过程录制成节目予以播出，并对参赛者中的优胜者进行发掘、培养和包装，将其纳入演艺活动与演艺体系之中，既帮助选手们实现明星梦，又为电视媒体赢得利益。

结合我国当前互联网直播选秀的现状，总体来说，选秀节目已经变成一种以高收视率、高参与度、高盈利性为特点，为普通人举办的低门槛的才艺选拔活动。它鼓励全民参与直播选拔活动，并且对选秀胜出者进行挖掘、包装，从而帮助其实现明星梦，达到娱乐大众和提高节目收视率的目的，促进营销转化。

选秀营销具有一些固定的特点。

首先是选秀节目在海选这一过程中一定会出现一些极端的例子，这些极端的例子无形中对选秀节目起到了宣传的作用。海选中的营销活动是影响范围最广的，每个参加海选的人都为选秀节目做了宣传，海选组织者只需要在海选平台上适当做些广告就可以拥有不错的宣传效果。

其次就是淘汰赛。选秀的淘汰赛中一般会有投票，在投票的过程中就会有不同的广告商参与。首先就是我们熟悉的硬广；其次，选秀组织者会在一个或者多个平台上发起类似于“你最喜欢的××××”的评选活动，这一个或多个平台和选秀组织者实际上是有合作的，通过这样的方式两者都会从中获利。

选秀营销中还会有其他的赞助项目，比如说淘汰赛之后的复活赛。在复活赛中，我们会看到激烈的竞争，不同的选秀节目，复活赛的方式和时间也不太相同，但是，其中总会有相应的营销活动。

至于最后的决赛自然会有更多的营销。决赛的重要性在选秀节目中无须多言，在选秀节目组织者看来，决赛是最好的营销时机。这个时候选秀节目的组织者们往往会出售选秀决赛赞助权，也就是“拉赞助”。而这里面的赞助有的是海选时的赞助商，有的是只赞助决赛的。

选秀营销还可以通过决赛冠亚军或者八强、四强选手的商业演出等活动来进行。观众越认可选手，选秀节目就会受到越多人的喜爱，就会有更多的人选择关注这个节目。更多的关注者会使选秀节目的营销取得更好的效果。

下面将讲述音乐选秀节目的特点，通过讲述音乐选秀节目的特点来更加直观地讲述其中选秀营销的特点。

当前的音乐选秀节目基本是以流行音乐为核心，几乎所有选秀节目的选手都会选择在比赛中演唱一首或者几首流行音乐。

选手选择演唱流行歌曲是因为流行歌曲本身就有一定的受众，这使得演唱流行歌曲的选手能够在选秀节目中占据主动。很多歌曲虽然也很有名，选手也可以很好地演绎，但是他们也可能会因为选错歌曲而被淘汰，所以，比较合理地选择就是演唱流行歌曲。

流行歌曲在选秀选手演唱之前就已经拥有一定的受众，选手再根据自己的风格进行相应的改编，很容易收获观众们的喜爱。

从这个例子中我们可以看出，选秀节目所具有的特征和选秀节目本身有直接的关系。其具体特征如下：

（1）将节目性质定位为娱乐

在社会节奏加快，物质条件充裕的今天，人们的精神文化需求越发强烈。更多的人希望在闲暇之余从生活的压力中解放出来，去更好地丰富自己的精神世界。因此人们对于娱乐化性质的文化需求逐渐增多。在现代人的不断研究与策划下，人们可娱乐的选择方式变得多种多样。电视媒体以及网络媒体不仅需要承担新闻传播、社会教育、舆论导向、大众宣传等方面的功能，还必须开辟出一档节目来娱乐大众。

时至今日，电视收视率频频下降，而湖南卫视的娱乐综艺节目仍能在电视以及互联网平台上占有一席之地，正是由于他们着力打造娱乐节目，成功地塑造了一个娱乐品牌并在节目中着力塑造自己本台的主持人形象，才让观众对湖南卫视产生了品牌认知、节目认知以及主持人认知。当前媒体行业竞争激烈，以电视主导的媒体娱乐逐渐成为市场竞争的重要手段，不断有媒体亦或是投机者希望借由娱乐这一板块开发出能够满足观众需要的节目，借此来提高收视率和 IP 引流。

电视选秀节目就是在此种背景下产生并快速发展起来的，娱乐性便是其最大的特征。因此，节目本身的娱乐元素、视听效果和收视率也理所当然地成为节目制作方优先考虑的问题。具体来说，电视选秀节目展示给观众的海选场景，从整体上改变了传统电视娱乐节目在预设的情景氛围中一味展现美好、温情、感人的内容风格，而是在真实、随机的场景中展现出诸多不乏令人捧腹大笑甚至是稀奇古怪的内容，在提升节目真实性的同时，也给观众带来了意想不到的观看体验。

在现场直播决定选手去留的淘汰赛和复活赛中，激烈的竞争、不可预测的结果以及对所喜爱对象的支持与关注，都会调动起观众的好奇心和参与心理，提高观众对特定电视选秀节目的关注度。除此之外，经过系统策划的电视选秀节目也会通过丰富的节目内容、多样化的风格特征、预设的情境氛围、火爆的表演场面等，将各种手段融合在一起，充分展示选手的个性魅力，强化整个节目视听化的娱乐效果和艺术内涵，满足特定观众群体的欣赏方式与娱乐追求。

其实，电视选秀节目就是要展现出选手的原生态，让大家一起参与到激烈而残酷的淘汰赛竞争之中，让参与者感受到主持人和选手表演中的真情流露，从而使整个节目情节跌宕起伏，高潮迭起，增强了选秀节目的娱乐性与体验性。

（2）在整体设计中把握互动

电视选秀节目最深得人心的地方就是具有平民化的倾向。即便是明星或者是明星的“后继人选”也需要通过努力地表演来争取观众的支持、获得评委的认同。选手们的表演、选拔与情感倾诉活动，会让节目产生一种前所未有的真实感。这种真实感一方面会激发观众自身的情感经历和情感体验；另一方面会产生一种直接参与式的心理想象，使观众认为某一位选手与自身的身份地位相似。于是参与者也就变成了观众心目中的代言人，成为实现他们多年舞台梦想的载体，进而消除了观看专业表演时与明星或者表演者之间的职业距离以及对他们的崇拜心理，在视觉与听觉的享受之中获得参与和互动的乐趣。

一方面，选秀节目低门槛准入的方式吸引了众多的普通参选民众，并且还充分利用传统传播渠道和互联网等新兴传播渠道进行宣传与互动，使参与者的身份和参与互动的方式更加多样化。“超级女声”的统计数据显示：2004 年，其总参赛人数接近 5 万人，场外互动短信的总收入为 1300 万元人民币；2005 年参赛人数则超过 15 万，互动短信的总收入增长至 3000 万元人民币，其中李宇春在总决赛当晚获得了 350 万条短信投票；2006 年报名总人数为 8 万人，短信投票数量则接近 1 亿条，尚雯婕在决赛当晚也获得了 500 万条短信投票。报名参与者与互动观众呈现逐年递增的趋势。通过数据可以看出参加“超级女声”的人数之多。参赛者众多，不仅提升了节目的知名度，同时也保障了高质量的选手来源。

另一方面，选秀节目注重“全民投票”的模式，节目不仅可以借此互动贴近民众，还能减少节目中评委等相关幕后人员的工作量。事实上，这也是最具有参与性、最能够贴近观众的一个环节。在参与选秀的过程中，观众不再是默默无闻的旁观者，而是手握决定权的参与者、决策者和选择者，成为促成节目的主体之一。这实现了电视选秀节目的互动性与交流性，最终带动了节目收视热潮。除了“超级女声”之外，“梦想中国”选秀活动的场外短信投票数量从2004年的400万条飙升至2005年的1000多万条和2006年的2000万条。通过以上两个例子我们可以看出，庞大的场外短信投票极大地调动了群众的热情，调动了人们参与的积极性。

（3）更贴近大众平民偶像

选秀节目具有平民化的价值取向。当前选秀节目的理想结果便是制造出一种与广大电视观众有着相似情感、生活、学习经历和生活背景的平民偶像。在进行节目设置和竞赛选拔的过程中，选秀节目制作者会逐渐发现观众所喜爱的对象以及对节目呈现方式、内容的娱乐需求，然后对选秀人物的形象、语言、表演方式进行意象化的包装，从而满足观众对特定选秀节目的内容需求。除此之外，在节目中还要让观众在参赛选手之间进行选择，从而淘汰那些不符合节目要求的对象。有了对观众心理情感的巨大冲击，便能够提升人们对于选秀节目的关注度与参与度。“我们只支持我们心中的最爱”以及帮助民众制造“平民偶像”是当前选秀节目成功的重要前提，即便“平民偶像”不如明星一般具有专业的水平和精美的包装，但是其亲民、贴近大众文化的特点让其自身能与当下的一部分观众产生身份上的共鸣。当年通过选秀产生的明星，如李宇春、周笔畅、张靓颖等，均在其粉丝的支持下在选秀后有了更多亲民且极具魅力的平民偶像化作品。

（4）评判节目的风格多样化

淘汰是电视选秀比赛的必备环节，如何淘汰选手或者说由谁来淘汰选手是选秀节目中最为关键的一环。通过对各种形式的选秀节目进行研究可以发现，它们大都采用多样化的节目评判方式。

首先是选定一些专业评委，这些人在音乐创作、音乐表演或者是电视编导方面具有专业的知识和丰富的经历，节目借由他们的专业标准来评判选秀人员的表演活动。

其次就是引导选秀节目的电视观众对节目进行辅助，让观众依据自身喜好，通过手机短信、网络投票的方式决定选手的去留。一方面为评委的最终决策提供参考和依据；另一方面也能够复活一些已经被淘汰的选手，增加了淘汰赛的难度，让淘汰赛看起来不那么不近人情，从而使比赛的竞争显得更加激烈，并赋予其感性色彩。

这样使大众投票与评委专家投票变得同等重要，选手是否具备更多人认可的品质与魅力也成为比赛中能否胜出的关键。在互联网不断发展的今天，选秀的方式更加尊重观众的选择，也更符合当前文化潮流大众化、泛娱乐、泛情感的特征。

电视台希望通过选秀节目吸引观众，增加电视台的收视率。同时这些选秀节目也会在互联网上进行播出，观众可以通过优酷、爱奇艺、腾讯视频等视频网站观看这些选秀节目。从电视台对选秀节目的重视可以看出，传统的电视媒体正在向新兴的网络媒体要观众。电视媒体也在积极地适应新兴的网络媒体，在网络上对电视内容进行相应的转播。

电视选秀节目是自 2003 年搬上我国荧屏后迅速发展起来的一种新兴电视节目模式，从开播伊始就收获了大量的 IP 和经济效益，并在全国各地的平台上迅速扩散开来，演化出更多不同的版本与模式。时至今日，选秀类节目已经成为最为流行的一种娱乐节目形式，它成功地将纪实、娱乐、脱口秀、新闻报道、竞赛等节目形式融为一体，给普通大众展示自我的机会，并同时赋予电视观众决定权，不仅提高了观众对节目的关注度、参与度与积极性，还提高了视频媒体的收视率、宣传度与传播度，在一定程度上引导了网络直播及未来其他形式平台的商业化运作模式的趋势与发展。

选秀节目现在具有的特征是选秀节目、电视媒体、网络直播等多种因素共同作用之下的结果。因此我们在进行相应的分析时要综合考虑选秀节目本身、电视媒体、网络直播等多种因素。这样的综合考虑，可以使我们更加了解现在的选秀节目，对选秀节目有一个更加清晰且准确的认识。

3. 选秀营销技巧大揭秘

选秀营销有多种技巧，这里面包含许多的内容。比如说选秀节目移民的冲突。这里面的冲突有可能是确实存在的，其他更多的可能是“演的”。如果真的存在冲突，选秀节目在后期制作中肯定会选择剪辑掉，作为观众的我们是无法看到的。

那么选秀节目的组织者为什么会选择使用有争执冲突的节目呢？这就是为了宣传。因为有冲突就会有噱头，有噱头就会有关注度，有关注度就会有利益。

这也是我们会经常听到明星绯闻的原因。明星之间真的有桃色事件吗？答案肯定是有的。那么明星之间真的有那么多桃色事件吗？答案肯定是否定的。选秀节目也是如此。现在的选秀节目竞争激烈，观众数量多，选秀节目的数量也不少。因此，选秀节目会通过多种方式来炒作自己，炒作参加节目的选手，为的是更好地进行选秀营销。

在歌唱选秀的热门年里，湖南卫视的传统王牌节目《快乐男声》、浙江卫视红到发紫的新贵选秀节目《中国好声音》、东方卫视的《中国梦之声》、北京卫视的《最美和声》等，全国多家电视卫视上几乎同一时间推出了自己的选秀歌唱单。各大卫视为了争抢一年的 IP 明争暗斗，不同选秀节目的选手们也在私下里不断造势，尤其是临近节目上映之时，社交媒体成了选手们争抢和炒作的最佳平台。

“台上选秀台下造势”，对参加选秀的选手们来讲，上节目是出名的最好机会，台上比拼的是长相、表达、形态、歌艺、星范儿，台下要比人气、事件、曝光度，通过选秀成为明星已经不再是前几年选秀节目刚刚起步时的样子了，如果只是单纯歌唱得好听，那势必会在接下来的选秀竞赛中遭到淘汰。想红在台上就要有突出的个性，会讲生动感人的故事，还要有天生的明星范儿，至于唱歌水平，不太烂能过得去就行，在台上先让观众记住，到台下才好进一步包装。

现在的选手仅凭唱功好是不一定能红的，那一年的《中国好声音》红起来的不是冠军梁博，而是争议颇大的吴莫愁以及很早就被淘汰却一直被拿“同志”身份炒作的李代沫。想在选秀节目中获得名气、获得支持，就真的要成为所谓的“台上一分钟，台下十年功”。台下舆论操作得风生水起与台上表演发挥得淋漓尽致缺一不可。

在台下，爆料节目黑幕或者是炒作选手的私生活，给选手制造舆论热点，甚至利用非常事件进行炒作都是最常见不过的手段。曾经单纯地利用传统媒体进行炒作的情况也同样发生了转变，如今的选手们更喜欢或者更擅长利用其他传播速度更快的媒体如互联网等对自己进行炒作。

新闻媒体、论坛贴吧、微博、YY 等就成为选手们炒作的最大平台。选秀造星的社交媒体传播是最具典型性的网络整合营销传播逻辑，社交传播的炒作工具需要有计划地交互使用。爆料、评论、分析、争论、传播、挖黑等，根据不同分工需要将各种媒体传播工具组合使用。传播逻辑是首先通过爆料、挖黑来制造话题；其次对话题进行评论、分析来炒热话题；最后形成一定规模化的争论与传播，达到红极一时的目的。

微博上有段时间一直在刷屏“祁汉是谁”，从而引发了几十万微博网民同时搜索这个名字。但随着事件进一步推进，原本不明就里的众多网友们发现祁汉是《快乐男声》已经被淘汰的全国66强，现已加入 YY 热血复活战中。于是在网络报道颇少而祁汉热搜热度不减的情况下，受好奇心驱使，几十万网友涌入 YY 观看《快乐男声》热血复活战比赛，并为祁汉投了选票。于是一个已经被淘汰的选手被硬生生地追捧成冠军。网友们把这次事件定义为在社交媒体时代制造的选秀奇迹，称为“祁汉奇迹”。

这是一次计划周密的公关事件。由祁汉背后的公关团队策划，相比其他选手，祁汉根本不算草根，而是一个选秀专业户，背后已有庞大的公关团队为其铺路。在微博上发动“祁汉奇迹”攻势前，其背后的公关团队已经先一轮在网络上铺垫好各类关于祁汉的八卦消息，微博只是此次公关活动中传播爆发点的一环而已。

祁汉的公关团队，通过论坛贴吧等散布各类关于他的八卦消息，包括祁汉的个人生活情况、工作问题、人际交往等花边消息。之后再被众多娱乐媒体抢去八卦爆料。接着《中国好声音》要挖角祁汉、祁汉拜庾澄庆为师、祁汉因接触好声音被天娱封杀等传闻更是让其成为舆论关注热点。

事实上，祁汉原本的私生活问题以及选秀专业户与东方卫视主持人的身份就已经吸引了大量眼球。但是在选秀节目火爆、选秀选手众多的这一年里，他的曝光度仍然不足以吸引更多观众的眼球，于是他的公关团队又开始拿更具话题性的《快乐男声》与《中国好声音》做文章。一来是因为这两档节目的比拼本身就是网络热门话题，而挖角对方选手则会让这条消息变成热门话题中的话题。

几轮新闻事件的铺垫后，在网上迅速发展成全民搜索“祁汉是谁”的转发热潮，顺利地将祁汉炒热。论坛贴吧与八卦媒体的组合运用是制造新闻内容的关键点，有了充足的新闻内容之后，再结合微博悬念式营销才能引出最后一个环节——在YY复活战中取胜。

YY复活战是这次公关事件的最后一步，也是最关键的一步。之前的布局都是以YY复活战获胜为目的做的铺垫，而YY在“祁汉奇迹”事件中也起到了非常重要的社交媒体传播作用。之前，很多人都忽视了YY在社交传播上的作用。

YY既是有亿计用户的社交工具，也是重要的信息传播平台。其实，YY也应该算是社交媒体平台，就像2011年淘宝“十月围城”事件时，YY就起到了很大的社交媒体作用，只是YY还没来得及尽情发挥出这种作用，就被微博这一后起之秀抢去了风头。此次祁汉事件让YY的社交媒体作用再次显现出来。祁汉的公关团队通过之前两步的引导，将几十万粉丝与观众引导到 YY 上，之后再通过 YY 与粉丝们互动，动员粉丝们为祁汉投票，这也是一种一对多的社交传播方式，与微博有类似之处。其实 YY 也可以当作社交媒体平台来使用，用好的话也会起到非常好的传播效果。

当然，选秀节目之所以在各大卫视受到欢迎，其增长速度呈病毒式的疯狂增长，原因自然是选秀节目可以获得更多的商业利益。选秀节目中有的是引进国外的选秀形式，有的是我们国家自己想出来的选秀形式。无论是哪一种，选秀节目都会吸引很多观众。选秀节目的海选为选秀节目提供了稳定的、数量众多的观众。这其中的道理很容易理解。比如说你的一个亲戚或者朋友参加了选秀节目的海选，你肯定会在电视机前等待你的亲戚或者朋友演出的时刻，观看他演出时的视频。

这就是选秀节目一定会引起许多观众观看的原因，因为海选总能够吸引许多人的参与。而这些参加海选的人总有亲戚朋友关注他们参加海选的事情。那些参加选秀而且能够通过海选的人，其身边的人很多都会成为这个选秀节目的忠实观众，只要这个选秀节目在节目品质方面不出现过大的失误，基本上这些观众就会一直关注下去。

我们都知道，现在一个节目的观众越多，它自身的价值就会越高。因为有观众就会有赞助商，收视率越高，观众越多，赞助商可能支付的赞助费用就越高，电视台通过选秀节目获得的收入也就越高。选秀节目的收视率、观众数和它获得的收入是成正比的。因此，一些比较知名的选秀节目的赞助商为了抢夺该选秀节目的独家冠名权，往往会支付超出我们想象的高昂冠名费。

虽然这些赞助商为了争夺优秀的选秀节目而支付了高昂的冠名费，但他们还是能从自己的赞助中获得相应的回报。因为这些优秀的选秀节目已经吸引了数量众多的观众，这些观众就是赞助商潜在的客户。

如果说一百个人里面最少有一个人会信任选秀节目的赞助商的广告去购买其产品，那么以选秀节目庞大的观众数量，即便相信选秀节目赞助商的广告的观众所占的比例并不高，其绝对数量也不会很少。

基于这样的现实情况，我们就会明白为什么这么多商家愿意去赞助选秀类节目。商家的独家冠名权、商家的赞助以及选秀节目组与商家的合作，都是选秀节目收入的一个重要来源，也是选秀节目营销的一个重要方式。

商家冠名了选秀节目，就能在自己的广告或者在自己的产品上使用该选秀节目的 IP。商家使用选秀节目的 IP，看似是商家通过选秀节目热度来提升产品的销售量。但实际上，商家有足够的资金来赞助选秀节目，就说明商家在市场上已经具有一定的竞争力。商家在市场上是有固定的用户群的，商家在使用选秀节目的 IP 时，实际上也通过自己的固定用户群宣传了选秀节目。商家和选秀节目的合作可以实现双赢，这就是双方均愿意接受这种模式的原因。

第五节
淘宝直播上线

1. 淘宝完善的营销体系

2016 年 4 月 2 日，papi 酱在淘宝直播平台进行拍卖活动，吸引了 50 万观众前来围观。这个活动也将 2016 年 3 月份试运行的淘宝直播推到了台前。到目前，使用淘宝直播进行观看的人数已经达到千万之多，主播数量也早已经突破千人大关。

众所周知，淘宝在马云的精心策划下，已经成为我国电商平台的“领军人物”。但是淘宝并不仅仅是一个独立的电商平台，它的营销也不是简单的电商平台上的营销。淘宝的营销更像是一个产业园式的营销。淘宝和之后的天猫是这个“产业园”中的销售平台，负责产品的销售；旺信是这个“产业园”中的通信工具；阿里巴巴是这个“产业园”中的进货平台；UC 浏览器负责网页营销宣传，优酷负责视频营销宣传，支付宝负责电商的资金流动。

马云为淘宝的营销提供了完善的营销体系，在这个体系中，各个平台都发挥着自身不可替代的作用，这也正是马云近些年执意收购 UC 浏览器和优酷、土豆的原因。淘宝规定所有在该平台上的沟通必须使用旺信，有人说这是马云想做第二个 QQ 平台。其实不然，旺信的存在保证了淘宝聊天信息的内部化，可以保证淘宝能够监控自身的销售情况，并针对情况进行大数据分析，为淘宝平台上的营销及销售提供更加合理的建议。所以，马云限制了淘宝卖家使用其他聊天平台进行产品销售。

马云为淘宝提供了网上的进货渠道，这就是阿里巴巴（1688. com）。这上面有较为便宜的货源，可以在货源较少的时候为淘宝卖家供货。UC 浏览器为淘宝提供了免费的网页宣传，在使用 UC 浏览器的时候，淘宝、天猫的链接总是在浏览器的醒目位置。此外，淘宝和天猫的“双十一节”在 UC 浏览器中得到了最充分的宣传。马云收购的优酷、土豆也为淘宝的营销提供了宣传。支付宝为整个淘宝的营销提供了网络资金安全的保障。

在这样完善且多元的营销体系中，淘宝的营销可以发挥其最大的影响力。在这样的影响力下，淘宝的产品可以获得更多的关注量和销售量。针对网络销售的缺陷——观众无法亲自体验线上的产品，淘宝直播可以帮助淘宝买家更好地了解自己将要购买的产品，在一定程度上可以打消买家购买产品时的疑虑。

淘宝直播是营销和销售在电商领域的完美结合。过去商家在传统的营销平台上做营销推广并不能很好地知道推广效果，也不能及时地得出推广后的实际转化率。但是通过直播，把看、试、买结合在一起，做到了“一边看，一边让主播试，一边买”的闭合购物链，让商家可以即时得到推广转化数据，并且凡是进入淘宝观看直播的用户一般都是为了购物而来，转化效率明显会比一般平台高出很多。这让初试直播的阿里巴巴尝到了甜头，一个跟随互联网潮流无意之间打出的直播营销组合手法由此诞生。

2. 打造自己的营销特色

在直播盛行之风下，淘宝直播、天猫直播在阿里的策划下赶上了互联网直播大军的脚步。一边打着边看边买的组合拳，一边研究如何提升消费者观看视频时的观看与购物体验。淘宝直播通常会向消费者推荐媒体、达人对即将发布的商品的介绍、测评，以及通过 T 台展台等方式让更多的“模特”来展示、试用自己的产品，促使用户在不知不觉之间加满购物车，并最终购买。

淘宝直播不同于其他的直播，没有什么才艺展示或者游戏操作，就是自身所说的“消费类直播”。其定位简单，内容直白，目的就是增加淘宝买家对自身购买的产品的理解。现在淘宝直播采取的是用户边看边买的模式，涵盖了母婴、美妆、潮搭、美食、运动健身等多种内容。仔细观察淘宝直播的内容，可以发现这些内容在淘宝平台上都是很难通过图片展示出来的。

以美妆产品为例，用户买来就是为了装扮自身，但是用户很难通过图片展示来了解美妆产品的功效和作用。以唇膏为例，淘宝上的图片展示的无非就是明星的照片。这样的展示虽然漂亮，但图片经过修饰，实际效果会和图片有差距，更何况进行唇膏展示的是明星或是靓丽的模特，而买家自身多是条件一般的普通人。因此，淘宝直播上的主播们亲自示范唇膏，更加具有可信度；同时，这样的直播也更加真实。淘宝买家可以根据淘宝直播中的展示效果来决定自己是否要购买该款唇膏。

品牌商家不再通过简单的文字或者图片进行硬性推广，而是以更为真实、更为柔和的手段，进行充满丰富内容的、带着温度的推荐。

淘宝直播这样的直播方式十分具有特色。它针对的是淘宝平台，改善了网上购物买家体验度不足的弊端，让买家可以更加全面地了解自己将要购买的产品。淘宝直播就像是进行一款产品的“小型发布会”，会有主播亲自向买家介绍并试用正在营销的产品。这样的直播方式避免了直播华而不实的部分，更加贴合淘宝电商平台，具有淘宝自身的特色。

除此之外，以前淘宝用户最喜欢的是红包、优惠卷乃至“双十一”时的红包游戏等组合优惠策略，而现在淘宝将红包、红包雨、优惠卷以及其他更多的增值服务模式设置在直播平台上，增加的打赏功能让消费者的互动性更强，让商家的变现和套现模式更丰富。淘宝建构的不仅仅是单纯的直播平台，而是从技术到销售再到策划和宣传的一整套营销组合拳。在维稳淘宝商家，培养平台网红并及时套现的同时还维系了外界的资源，形成了一个灵活机动的营销生态链。

为了实现 IP 最大化，阿里直播将与其合作的品牌直播页面同步到移动端手淘 APP 的各个平台，帮助品牌商、媒体实现一站式直播页面投放。与此同时，还提供直播转点播等一站式的直播解决方案，进而进行与品牌方的一次性对接，将所有播放直播页面外部渠道转化成对品牌的宣传。

阿里把后台的链接同时共享给品牌卖家和媒体。商家和媒体可以在直播中实现品牌营销互动、边看边买、弹幕、密令红包、抽奖、摇一摇、活动直播与红人直播同步、媒体达人多视角直播等，并将这些内容进行个性化定制排序，分别推送给用户，为品牌商家无缝实现“引流进店”，边看边买。阿里巴巴在打造淘宝与天猫直播的同时策划了很多促进品牌商家盈利的方案，并从 2016 年开始一步一步实现，现在的淘宝直播与天猫直播已经实现了其承诺功能的十之七八，随着不断的升级与开发，阿里巴巴旗下的直播业务与营销方法也会得到进一步的升华。

3. 营销不止为销售，更为可持续

营销只是一种宣传的手段，它并不能保证产品一定会被售出，网上的营销更是如此。有时候，顾客会将自己喜欢但又买不起的产品放到自己的购物车中，说不定哪天就能把自己的购物车清空掉。因此，有时候营销更加注重于留住顾客而非进行一次成功的产品销售。

而直播最大的好处恰恰就是快速地聚集粉丝，进行沉淀并进行直接而有效的互动，进而进行二次营销，使推广和营销同时开展。很多时候新产

品发布会并不能有效地带动销售，毕竟线上和线下的购买具有一定的脱节性，这是很多传统企业在营销推广时遇到的问题，而直播恰好解决了线上线下难以衔接的困境。不仅如此，直播还解决了即时互动的问题，让收发信息能够更快得到反馈和解决。

通过这样的方式，淘宝直播既可以展示商品的性能，也可以提供一个“朋友圈”。凭借淘宝的电商直播，10 亿级别日均流量结合良好的转化技术变现，对阿里的直播平台来说绝非难事。以母婴产品为例，直播在销售产品的同时，也为那些刚刚晋升“奶爸奶妈”的父母们提供了一个咨询探讨的平台。这样的模式更容易将顾客留住，平常留意淘宝直播，就算是不购买产品，也可以在淘宝直播中寻找有同样需求的人，相互探讨有关的知识。

这样的方式帮助淘宝直播留住了稳定的用户群，让这些用户留在马云为淘宝营销搭建的“产业园”中。用户在感受淘宝文化的同时，很容易在以后购买产品时选择使用淘宝平台，这样的方式比起单纯销售产品来说，长期效益要多出许多。国内有不少类似的购物平台，顾客喜欢使用淘宝平台，而不选择其他类似的购物平台，这就是将顾客留住的表现。

自淘宝直播上线以来，很多草根达人在这个平台上实现了自己的创业梦想。在中国，女性消耗品一直都具有坚实的市场基础，淘宝直播便从美妆入手，从视频业务里延伸出美妆和搭配，根据自身原有的基础与特色，将淘宝直播定位为消费类直播，内容上便与其平台上的业务一样丰富多彩。

淘宝直播运行至今实现了真正意义上的电商娱乐导购，增加了电商平台与消费者之间的娱乐互动。此外，淘宝还想要在此基础上做更大的盘，把所有具有相同爱好的人群放在一个社区里，让这些人在这个共同爱好的品牌下进行沉淀，到二次开发、二次运营，再到二次转化。淘宝希望的是，让这一系列全部在淘宝上完成。

在互联网直播大军盛行的今天，边看边买模式的直播不止淘宝一家在做。在直播领域，淘宝的脚步后于熊猫、斗鱼、战旗等，只是在变现的用户群基数以及平台特性上暂时取得了领先。所以做好用户沉淀是实现在直播领域长盛不衰的秘钥所在。

第六节 Adidas Originals的跨界涂鸦艺术直播

1. Originals 原创之美

Adidas Originals 于 1972 年成立，它从成立之初就是原创的代表，Originals 既是阿迪达斯的经典系列，也是阿迪达斯中不断创新的系列。Originals 系列既有复古的内涵，也有现代时尚的活力。

Adidas Originals 以品牌核心理念“Original”为创作灵感，在更多潮流人物的追捧与力荐下重新演绎着服饰的经典并传达着“Original is never finished”（原创不息）的理念。

经典原创向来是 Adidas Originals 引以为傲的品牌标志，但这回他们却再度打破对原创的定义，将 Francis Sinatra 的名曲《My Way》重新诠释，并结合音乐、滑板、运动、潮流和艺术的品牌元素，更集结了最具指针性的潮流人物，如饶舌天王 Snoop Dogg、NBA 历史得分王“天勾”Kareem Abdul - Jabbar、篮球强力新秀 Brandon Ingram、滑板界传奇 Gonz、顶尖饶舌歌手兼音乐制作人 Dev Hynes、饶舌歌手 Stormzy、Mabel、Dej Loaf、新锐艺术家兼摄影师 Petra Collins 以及专业滑板好手 Lucas Puig 等人，希望借由新世代的创作人重新定义何谓原创！

在“Original is never finished”形象影片中，新锐艺术工作者兼摄影师Petra Collins，在“The Birth of Venus”（维纳斯的诞生）场景中，结合Superstar以强烈的视觉颠覆为Botticellis（波提切利）的知名艺术作品重塑了经典的美丽象征。

饶舌天王Snoop Dogg将自己的“Doggy style”专辑封面重新创作，为嘻哈文化性别平权发声。“天勾”Kareem Abdul－Jabbar在“Raining Basketballs”的片段中将火炬交给篮球强力新秀Brandon Ingram，让大家目睹了篮球神级人物的传承。

滑板界传奇Gonz与法国专业滑板好手Lucas Puig则以个人风格滑上街头，演员们更以Adidas Originals NMD解构设计的面具现身，为品牌产品赋予新的生命。透过他们的原创方式，传达“Original is never finished”形象影片中想传达的理念：如果你坚持不懈地挑战某些事物，它便能再一次成为原创。

这次Adidas Originals ZX Flux新款的发布在哔哩哔哩视频网站上面直播，在这次直播中还邀请了多位艺术家在有ZX Flux背景的广告布上进行涂鸦创作，同时这些涂鸦艺术家们也会根据哔哩哔哩网友们使用的弹幕颜色来进行即兴创作。这就是“Flux it！创作直播”。

在这次直播活动中，我们看到了最新款的Adidas Originals ZX Flux，也看到了不同颜色的ZX Flux，更加出乎我们意料的是Adidas将ZX Flux鞋子的颜色和我们常使用的弹幕颜色结合在一起。这样的结合起到了很好的效果，一般观众喜欢使用什么颜色的弹幕，就会选择什么颜色的鞋子。根据研究，人们一般都是会选择固定的颜色，这个固定的颜色和人的性格有某种程度上的联系。

这次Adidas再次让人感受到原创的魅力，也让消费者在选择鞋子的时候有了更多的空间。不得不说，Adidas这次的直播营销相当出色。结合哔哩哔哩上的原著网民群体，有针对性和渲染力地将产品宣传给自己的潜在细分客户，让这次的直播做得既有力又潜移默化地培养了新生代客户，并让老客户心中更加坚信 Adidas Originals 的原创力与品牌力。

2. 口碑才是王道

Adidas 的口碑一向不错，不单单是在国内，在全世界都是如此。这里面的原因多种多样，但其中离不开原创的魅力，不断推出观众喜爱的产品，是 Adidas 不断为人认可的原因。

Adidas 在产品上没有模仿其他品牌的样式，它选择研制自己的鞋子，形成独特的风格。在这样注重创新的大原则下，Adidas 吸引了众多爱好者，也带来了模仿者，这些模仿者给 Adidas 带来了不少困扰。不过，从这里也可以看出 Adidas 的魅力，也可以看出 Adidas 在爱好者心中的地位。

"金杯银杯不如老百姓的口碑"，Adidas 一直拥有良好的口碑，自然能吸引不少粉丝。彰显性格，质量可靠，这些都是年轻人选择 Adidas 的重要原因。同时不可忽视的是，Adidas 的美感也不在话下，这也是这次 Originals 原创直播能够吸引许多观众的原因。

3. 彰显个性的代入创作

Originals 原创的直播方式向我们更好地展现了 ZX Flux，非常完美地向我们展示了 Adidas 原创的魅力和足够的美感。

Adidas 很好地使用这次涂鸦原创艺术直播彰显了个性。年轻人往往喜欢自由，追求独立，自然也喜欢拥有自己的个性，Adidas 就满足了年轻人的这种心理需求。ZX Flux 提供了多种颜色供消费者选择，颜色数量更新几乎要赶上哔哩哔哩使用的弹幕颜色的数量。

这样彰显个性的代入创作，怎么会不让人们不喜欢？又怎么能够不对这样的直播产生喜爱之情呢？我们期待 Adidas 再次推出类似的直播活动，也希望其他的大品牌同样能推出富有艺术性的直播活动。

04 第四章 直播未来商业模式预测

回顾过去、分析眼前所有人都会，懂得放眼未来方能高瞻远瞩、运筹帷幄，长立于不败之地。移动互联网营销链日趋完整，在大数据的洪流里，只有紧跟时代，才不会被淘汰。

第一节
投机取巧靠边站，实力才是王道

1. 当今直播平台的现状

如今，网络直播越来越火，仅在 App Store 和 Andriod Store 上就有上百款直播软件，大有当年团购时期“千团大战”的阵势。同时，网络直播正在从以 PGC 为主导转向以 UGC 主导，全民网络视频直播渐成趋势。网络直播带来了新经济的崛起，催生了新文化现象，同时也为不法分子带来可乘之机，催生出许多的直播乱象，包括我们认为的低俗文化。但这些文化乱象存在的背后，直播平台也为我们带来了更多新的可能。

直播给生活带来了不少改变，人们在直播平台上可以找到电视台中喜欢的相应内容，有的电视台中寻找不到的内容也可以在直播平台上寻找到。这就是大多数人对直播平台的看法。

直播平台是一个新兴事物，由于新兴，很多人对它并不了解，只是觉得“存在的就是合理的”，但实际并不是如此。网络直播平台会有一些不太合理的地方，因此我们要审慎地观察现在的直播平台和直播平台上面的内容。

网络直播是在互联网发展的催生下产生的，因此其存在时间不过十年而已。在近十年的发展过程中，直播可以根据设备的升级与改进，区分为PC和移动终端两种发展时段：

（1）PC时代的互联网直播

在网络视频还在为内容付费而苦恼不已的时候，最具有代表性的YY成为当时直播平台的兴起之地。那时的网络直播主要以秀场为主，通过主播表演和唱歌与受众产生互动，但在直播的空间和时间上，都有很多的局限性。这一时期的网络直播受众主要是受教育层次较低的青少年人群，主要是青年务工人员，以男性为主。

以YY语音直播为例，其最先在青年工人之间流行，而且当时最火的网络直播也是女性秀场，如唱歌、聊天等。为此，那个时候的网络直播并不像今天我们看到的直播平台那样花样百出，PC端的直播内容在那一时间段内还是比较单一的。

（2）移动互联网时代的直播

2016年被称为移动网络直播元年，一大批网络直播平台如雨后春笋般纷纷崛起。其中具有代表性的网络直播平台有花椒直播、映客直播、斗鱼直播等，甚至淘宝和天猫及聚美优品等网络B2B电商平台也不甘示弱地开设了自己的直播频道。截至2016年6月，我国网民规模达7.10亿，网络直播用户规模达3.25亿。

这一时期的网络直播无论是形式和内容都呈现出多样化的趋势。在直播形式方面，从原来的秀场直播如今多样化的直播方式，如户外网络直播、新闻现场网络直播等。在直播设备上，从原来的PC直播，到如今的手机直播、VR直播，以及各种专业摄像头、无人机直播等。在内容方面，从原来的唱歌、跳舞才艺展示，到如今的吃饭、探险、教育、日常生活等，可以说直播已经渗透到很多人的生活之中。

直播平台有不同的分支，包括美女直播、音乐直播、喊麦直播、游戏直播等不同类别，在不同类别的直播中也会有不同的营销方式掺杂其中。

应该说，现在网络直播平台上的大多数直播是正当的直播，可能有部分主播的直播方式比较前卫，比较难以被年长者接受，但是这些前卫的直播方式在年轻人中大受欢迎，比如说二次元直播。

直播平台上也有部分不良直播，这些直播一直存在，屡禁不止，原因在于总是有投机者希望在短时间内获得巨大的利益，就像是生活中不顾一切的赌徒一样。

这些不符合国家规定的行为严重影响了直播行业的健康发展。此外，门槛低使得直播内容同质化比较严重、低俗化的直播内容容易引发暧昧经济、直播暴力和辱骂行为等有待解决的问题。

虽然现在对直播平台的监管还不是很完善，但是对于直播已经拥有了一部分管理规程。按照现在的规程，很多投机取巧者的直播内容已经是不合理甚至是违法的。但即便投机取巧者明显知道自己的直播内容违反了规定，仍然经不住一夜成名的诱惑，选择铤而走险。

因此国家尽快出台了相关法律法规，促进直播产业的健康发展。作为直播从业者，必须严格要求自己，做到不低俗表演，不违反法律法规，引导受众积极向上。而作为受众，更需要洁身自好，发现违规内容要做到不观看、不传播，而且要及时举报。受众一定不要小看自身的力量，如果人人都做到洁身自好，就一定可以获得更加优质的视频直播内容。

同时，网络直播已经深刻影响到我国的文化和经济。

在文化方面，网络直播正在潜移默化地改变人们的娱乐方式。首先，直播作为一种文化产品，让观众对于娱乐节目多了一种选择，而且主播呈现出多样化和媒体化的趋势，如直播表演、直播教学、直播赛事等。由王思聪直播的综艺节目《小葱秀》就吸引了大批的观众；而网络游戏直播红人 PDD 在线直播的观看人数更是超过百万，很多游戏爱好者已经将观看 PDD 的直播作为日常消遣。其次，网络直播也创造出很多新的词汇，如“谢谢宝宝”“打赏”等网络热词。

在经济方面，与直播相关的“网红产业”2016年所创造的价值接近580亿人民币，在线直播平台超过200家，其中直播购物的“边看边买”模式尤为出色。在一些直播平台上，通过打赏的方式让观众和主播互动，不仅促进了双方交流，而且还实现了主播收入的增加，可谓是一种双赢的模式。

2. 为什么直播平台常招骂名

直播平台常招骂名的最主要原因是平台上鱼龙混杂。直播平台上的主播基本上不需要什么准入门槛，任何人都可以成为主播，也就是任何人都有“一夜成名”的机会，成为一个拥有许多粉丝的“明星”。可是，由于观看直播的观众，也就是专业上所说的直播受众观看直播的时间是基本固定的，一个观众观看了这个主播的直播，就意味着他无法在同一时间观看其他人的直播，毕竟“一心不可二用”。这就导致主播们想尽一切办法增加自己的曝光度，增加观众对于自己的关注度。

直播的低准入门槛，看似具有很高的回报率，也吸引了许多年轻人的关注。但从事直播的主播数量呈直线上升之势，这就导致主播们要费劲心思吸引观众。然而许多的主播并没有一技之长，面对激烈的竞争，这些主播只能寻求旁门左道。有的主播直播吃玻璃、吃电灯泡，这样的表演虽然会出现在街边马戏团中，但是在直播里出现这样的方式还是挑战了观众内心的承受极限。有的主播直播吃泥鳅、青蛙、蝌蚪等，让人在观看的过程中会有抵制情绪。有的主播直播喝白酒，而且是以超过人类极限的喝酒方式，一下子将几瓶二锅头喝下去，这样的直播既没有现实意义，也会对其他人造成潜移默化的负面影响。

这种吃类直播为了吸引更多的观众观看，满足观众们的猎奇心，吃的东西会越来越极端，不同的主播之间相互攀比，最终导致整个吃类直播很难具有直播应有的观赏性和娱乐性，致使这种直播方式招致许多人的厌烦。

同时，这样的直播方式很容易让其他人模仿，即使不是观看者自己模仿，可能也会成为观众们争执时的一种极端处理方式。比如，中国的酒文化本来就有“感情深，一口闷”的传统，如果每个喝酒的人争相效仿直播中的做法，那么酒精中毒或者是喝酒造成的胃出血、肠出血患者就会越来越多。这种直播一经传播和效仿就会给社会造成不良影响。

如果说上述直播模式受到人们的反感是因为直播的内容不适合观看，那么下面这种的直播就是消费观众的爱心，那就是扶贫直播。扶贫直播最开始是被观众们广泛接受的。最开始，扶贫直播受到不少赞扬，有许多爱心人士希望通过主播将自己的爱心传到那些需要帮助的人手中。因此，扶贫直播吸引了许多观众，扶贫直播的主播们也收到比其他主播要多得多的礼物，这些礼物中的一部分是表达对主播们美德的赞赏，另外的一大部分则是希望主播将自己的爱心带给那些需要帮助的人。

可这样的“扶贫”直播不久后就不对味了，“扶贫”的金额太高了，那些金额赶得上“被扶贫者”一个月的收入了。如果主播们一个月“扶贫”一次，这些“被扶贫者”似乎就完全不需要工作，只需要享受美好的生活就可以了，最起码生活水平会有一定的改善。可是，下次观看直播的时候，那些“被扶贫者”的生活情况根本就没有任何变化。

“扶贫直播”的真相足以让人大跌眼镜。其实，这样的直播并不是真正的扶贫，而是加了引号的扶贫，这种直播方式只是为了吸引观众的眼球，只是为了消费观众的爱心。“扶贫直播”的所有内容都是虚假的，所有给出的“扶贫金”在直播完后就会被收回，给贫困者的其他食品、用品也会被无情回收。

这样的大逆转直接超出了观众的心理承受能力。这不仅仅是消费观众爱心的问题，这样的直播模式就是一种变相的欺骗。欺骗观众，欺骗所有有爱心的人。

“扶贫”模式更让人无法接受的是，“扶贫”骗局竟然是因为“扶贫”

直播的参与者们盈利分配不均导致内讧才被曝光出来的。这样的曝光历程更加让观众难以接受，于是“扶贫”直播变得像“过街老鼠，人人喊打”，最后国家司法机关介入，将从事所谓“扶贫”直播的主播们缉拿归案。

这样类似电视剧的过山车式急剧反转的剧情，怎么能让观众们不为之愤怒？这样的直播方式在网络上招致谩骂是理所当然的，人们希望在直播中看到真正充满正能量的内容，而不是这样伪善的“扶贫”。

3. 世上无捷径，唯有实力硬

无论什么情况下，投机取巧都是不可取的。在现实生活中，投机取巧者最后往往都不会有所成就，反而违法犯罪的道路。在虚拟网络中，投机取巧也是如此。

实际上，现在直播平台上出现的诸多乱象很大程度上都是投机取巧者自欺欺人的结果。投机取巧者可以通过投机的方式在短时间内获得巨大的关注度，从而获得可观的经济利益。但是这样的投机行为往往是违法的，在直播不久后就会被叫停，很多主播并没有获得经济利益就会被封杀。那这样的投机直播又有什么样的实际意义呢？

无论在现实生活中，还是在虚拟网络中，我们都需要不断积累、不断完善、不断提高自己，让自己更加受欢迎，而不是通过投机的方式吸引他人的眼球。投机短期吸引到的观众也会在猎奇心理过后失去对投机者的喜爱，最后还是踏实肯干、能力出众的主播会在长期的直播中占据优势。直播是一件相对长期的事情，一线明星短暂客串一下主播人气很高，只是因为这些一线明星们已经拥有了稳定的粉丝群，这些一线明星们在成为明星的过程中已经经历了长期积淀的过程。

从事网络直播的主播们也需要在相对长期的直播活动中不断提升自己的能力和实力，现在知名的网络主播们一般都是从直播平台刚一兴起时就开始从事直播活动了，他们经过长期的努力，尝试了不同的直播内容和直播方式，才收获了现在的关注度。

有句话叫“站在风口上，猪都会飞起来”。互联网这一新鲜事物的快速发展，带动了许多互联网企业的发展。作为直播平台上的主播应该做到居安思危，认可优质内容，并顺应网络直播的发展趋势。遵循直播行业的准则，在周边出现直播乱象的时候不为所动，认识到提供优质的内容才是能否在直播平台上盈利的关键。互相中伤，恶意竞争给主播带来的只是短暂的曝光度，并不会得到长期关注，自然也不会有长期的盈利。

主播应努力提高直播内容的质量，而不是盲目跟风。有噱头的内容是会有一定的热度，但是这样的热度总会衰减，奢望一夜成名的人很难成为优秀的人才，很难推出优质的内容。

只要不断提升自己，不被周围所谓的“捷径”蛊惑，努力推出优质的内容，长期坚持下来，就一定会形成自身的直播风格。在直播平台上凭借自己的能力，收获属于自己的成功。直播平台会越来越注重主播的实力，更少地关注噱头，因此，努力的主播终将收到回报。

第二节
“直播+”将成为常态

1. 让直播成为营销更便捷的工具

“直播+”成为常态，在一定程度上促进了营销的效率。“直播+电子商务”是一种新型的营销方式。我们使用手机或者个人笔记本电脑都可以实现这种营销方式，其主要形式就是主播在各大商场闲逛，推荐商场中的商品给观众。观众也可以通过与主播沟通，获取自己希望购买的商品的实际情况。

主播在直播间中展示商品，观众如果喜欢该商品，就可以直接在直播间中下单付款购买。这样的方式模拟了观众们自己平时的购物方式，避免了网上购物没有体验感的缺点。但我们会对这样的直播方式产生疑问：花费这么多的时间模拟现实的购物体验有何用处？有观看网络直播的时间，自己购物不可以吗？非要在直播平台上观看主播介绍商品再购买吗？

实际情况是我们确实需要这样的“直播+电子商务”的方式，原因有二。一是我们并没有那么多合适的购物时间，往往上班时商店还没有营业，下班后商店已经停止营业了。同时，下班以后我们往往会感到身心俱疲，也不愿意去商场购物。二是有些地方我们确实很难到达，如海外，作为普通人，很难做到随时的“海外购”。毕竟“海外购”的成本比较高，我们一般只能在海外旅游的途中购买一些自己喜欢的产品；其次，我们在海外购物的时候会有语言不通的困难。比如中国人去日本抢购马桶盖，结果后来发现，这些日本的马桶盖大都是中国生产的。这就是自己“海外购”的一大缺点，由于语言不通，我们购得的商品很可能并不是外国人在使用的产品，而是只针对中国人出售的商品。

“直播＋电子商务”的方式可以更容易购买到国外的产品。“海外购”的主播们一般通晓当地的语言，和我们相比，可以购买到更好的商品。同时，也避免了我们自己到海外旅游购物时上当受骗的风险。自然，“直播＋电子商务”的方式也节省了海外购物需要花费的时间和费用。

经过一番激烈的互联网角逐之后，很多平台都以自己的出发点结合直播功能进行引流，电商行业也不例外。由此就诞生了“直播＋电子商务”的新模式。这种模式是将电商平台的人口基数与直播的特性相结合而诞生的一种新型体验式服务，不仅能够继续进行产品的销售服务，支持网购交易，还能够通过直播让别人帮自己试用产品，或者通过网商策划的活动更多地参与到网购分红的娱乐机制中来，可谓解决了电商们的营销烦恼。

在之前的电子商务中，人们购物只能通过商家的描述进行选择、斟酌与购买，对缺乏产品认知的消费者而言，接收到的信息促使他们进行决策的力度总是不够的。比如，买衣服的消费者需要了解衣服的质地、手感以及薄厚等，然而书面上的信息却往往不能让客户直观接触到这些信息，这不仅造成了消费者的购买障碍，也同样构成了商家的销售障碍，导致一件衣服可能被销售出去又被退了回来。来回的人力、物力和财力都有损耗。

再如消费者需要买手机，在购买前需要了解手机的性能、手感以及屏幕等，而商铺页面上的介绍所能提供的信息总是难以让客户感到满意。这也是电商相对于线下销售的劣势。

为了解决这个问题，蘑菇街等网络购物平台不断尝试开发虚拟试衣间、免费试穿服务或者是身材推荐，甚至是 AR 增强“现实版”的 App 功能。可是经过漫长的测试，连阿里这样的网络电商之首终究也没能将这项功能完美地落实。不过让人欣喜的是，直播恰恰在这个时候解决了一些电商上的购买问题。“直播 + 电子商务”的模式大大改善了单一信息传播到接受的模式，帮助消费者立体感知产品，并对产品的问题进行及时的解释与介绍，大大促进了消费者作决策的决心，促成了消费者的购买，提高了成交量。

直播通过推送带有信息维度的图像，丰富了人们对产品的视觉感官，没有任何的产品修饰与效果加工，通过主播的讲解与示范，通过对接主题、抢红包、回答问题等互动让消费者能够有效地了解产品的功用，这对想要在网上商城里购买如电冰箱、热水器、家电等大型电器却无法对产品功能有直观了解的消费者来说，无疑是最好的介绍方式，直播也因此成为最好的产品信息承接的载体。

不仅如此，平日里我们网上购物都是根据关键字进行搜索。但是，通过直播，商家在无形之中为自己的客户增加了一位导购，帮助客户挑选商品，向客户推荐商品，使客户产生一种有人陪他一起“买买买”的归属感。

虽然“直播 + 电子商务”的模式能够让商家更有力地展示产品，但是从主播一对多的模式来看，如果让一个主播同时解决多个客户的需求，在时间成本上是会造成拥堵和浪费的。但是从增加导购、提高消费者决策效率的角度来看，其实这种“直播 + 电子商务”的模式又大大地节省了人们的购物时间。时间对消费者来说是最宝贵的，通过直播来节省购物时间对消费者而言十分重要。“直播 + 电子商务”的模式，让更多的消费者在网购的体验中打消了疑虑，这是这种营销模式最大的赢点。

“直播 + 时装”的方式在网络上火热，似乎意味着传统时装行业将要被洗牌。

我们只能在电视上看到传统时装秀，或者是花费昂贵的路费跑到纽约、巴黎等国际化大都市的时装展现场观看时装秀。现在“直播+时装”的方式开始在国外的 Facebook、Twitter、Instagram 等平台上出现，这些平台与 Burberry、Tommy Hilfiger、Ralph Lauren 等国际平台合作，加入时装周的直播活动。

作为我国社交平台旗帜的腾讯也在其旗下的 NOW 直播中推出了“直播+时装”的营销模式。最著名的就是 NOW 直播全程直播了纽约时装周的“95°黑”时装秀。从这次直播的内容可以看出“直播+时装”的营销模式主要针对的是年轻人，年轻人往往追求时尚，追求潮流，从统计数据上，我们可以看到 25 岁以下的年轻人更容易接受“直播+时装”的营销方式。

同“直播+电子商务”一样，“直播+时装”的方式让喜爱时尚、喜爱潮流的年轻人可以多方位地感受时装秀。对普通人来说，花费昂贵的费用和漫长的时间去时装秀的举办地是很困难的，即使身处现场，也很难有一个良好的视角去观看时装秀。直播 Live 最初出现在电视台转播时，现场直播时装秀自然也是电视台推出的。“直播+时装”的方式让观众可以边看直播边评论，这样的互动体验是电视台直播所无法呈现的。

推广“直播+时装”方式的平台多为社交平台，如国外的 Facebook、Twitter，国内的 QQ。观众们在观看时装秀的时候，可以通过 Facebook、Twitter、QQ 等社交平台与自己的好友们分享自己对时装秀的看法。对这些社交平台来说“直播+时装”的方式也有助于它们吸引粉丝、留住粉丝。

2. 打造完善的直播营销体系

直播营销是一场没有成本的战争。商家在进行直播营销时肯定会有投入产出比的相关疑虑。如果投入多代表着产出可观，那么相信有很大一批商家是愿意做这笔买卖的。那么直播营销模式对商家的好处在哪里呢？

第一，全方位展示产品，良好地向客户传达商品信息，有效地促进了客户的沟通与决策，使成交业绩倍增。亚马逊的贝索斯就曾为了让用户更全面地了解产品，在亚马逊上设计了一个能够360度查看产品全貌的动态视频，方便用户多角度多维度地接收产品信息。

第二，一对多模式讲解，降低了售前咨询与售后服务的人力资源，降低了电商在销售产品中付出的人力成本，提高了营销效率。

第三，直播平台具有其他平台所不具有的良好吸粉能力，并且用户定位精准，结合电商平台的基础作用，每一位进入直播间的用户都是该品牌的精准客户+潜在客户，配合直播上的各种活动策划与强大的互动功能能够起到宣传品牌、培养并提纯客户、达成销售等作用。

第四，利用主播与基础粉丝的互动营造氛围，让每一位进入直播的消费者都能感受到商家做活动或者推广产品的力度，打开品牌的个性化与差异化布局，以便扩大营销范围，聚集更多人气。

第五，随着PGC概念在内容媒介中的不断传播，直播将走向更为细分化、专业化、模式化的道路。明星、网红、达人在网络直播上的作用只是一时的，为了保证电商服务的质量，电商直播将会不断演化、培养出一批专业的直播讲解员，相比雇用明星达人，其用人成本将会被大大降低。

直播营销应该形成一个完整的体系，从直播宣传到观看下单再到订单完成应该是一条龙的。那么我们如何打造完善的直播营销体系呢？完善的直播营销要包括以下几个部分：

首先，是直播的宣传部分，宣传部分中的第一步就是预热宣传。预热宣传的作用是让直播活动被更多的人知道，确保有需要、有观看时间的人能够看到此次直播活动。

其次，直播活动中要及时提到需要营销的内容。无论你在讲述什么内容，都要想方设法将内容引导到自己要销售的商品上来。同时，营销内容要在恰当的时间提出来，否则会让直播产生时间上的断裂感，那么广告就变成植入广告了。广告的内容一般是在观众将要忘记的时候再次重复，这样的时间间隔一般不会让观众们感到不适，更容易让观众们接受并记住。

再次，直播活动最好有一个辅助人员，辅助人员一般需要帮助主播完成直播营销。在直播营销中要用到一些器材，或者有些事情必须要两个人才能够完成时就用到了辅助人员。辅助人员可以让直播营销更加流畅和稳定。辅助人员也可以在直播活动前后起到协调的作用。

最后，直播营销需要在客户下单后由专人负责统计订单信息，根据订单的要求将客户需要的产品发给客户。包装和运输是这部分人员的主要任务。包装和运输都需要和客户提前协调好，确定客户需要的是当天发货还是延时发货。当天发货和延时发货的区分是为了增强自身对客户的服务水平，完善的直播营销体系的确立是为了提供给客户更好的服务。

完善的直播营销体系在留住客户方面更加具有优势，能够让客户的购物过程更加愉悦。但是完善的直播营销体系的投资对普通主播来说可能过高，因此对直播营销的完善过程要有耐心。只有树立良好的口碑才能为直播营销带来更多的回头客。许多案例表明，想要在短期内快速打造一个直播靓号，前期就必定需要一定量的资金投入。只要成功打造一个直播靓号，那么就一定会有可观的回报。就像柳岩的直播成功将“佰草集新七白美白嫩肤面膜”“周大生图兰公主吊坠”“艺福堂蜂蜜柠檬片”“楼兰蜜语枣夹核桃”等完全没有关联的产品结合在一起让人购买一样，据资料显示，柳岩直播当日不到 5 分钟的时间里，她的直播间就挤进了 1 万多人，观看结束时已接近 12 万人，最终达成成交量枣夹核桃 2 万多件，柠檬片 4500 多件，面膜和太阳镜 2000 多件，手链 52 件。

还有后来的张大奕 2 个小时内成交额达到 2000 万元，完爆柳岩的成交记录；罗振宇在优酷上直播，直接让个人溢价 1 万多倍；天猫直播帮美宝莲 2 个小时内卖出 10000 支口红等。这些例子都是透析直播营销为商家带来的投入产出比有力的证据，充分地证明直播强大的流量变现能力。

在以前，如果一个产品要上电视那需要比今天投入的更多，居高不下的宣传费用对于一般商家而言是难以负担的。而直播以免费便利的平台为个人、商家和企业做支撑，大大降低了产品的宣传成本。直播以其低门槛的准入特点，成为商人盈利的有效工具。直播的丰富功能也让商家资源变现的能力更为多元化。

3. 提高服务 + 精准定位

直播营销体系的完善可以帮助主播提高自己的营销质量。

顾客会对态度好的人产生更多的好感。他们会希望遇到态度良好的售票员、服务员和客服人员。在网络上购物的时候，人们也希望自己遇到的淘宝客服人员服务态度是良好的。同样的商品，人们总是会选择服务态度更好的店铺。现在的客户愿意使用更多的费用去换取更加良好的服务，有点类似国外餐后给服务员留的小费，顾客总是愿意将小费给服务态度良好的服务员。

我国的“小费”是通过另外一种方式支付的，那就是服务态度好的客服人员会有更多的回头客。回头客的再次光临实际上支付了客服人员的服务费用，从侧面鼓励了拥有良好服务态度的客服人员。

更好的服务能帮助主播们留住直播间的客户，而精准的定位也是吸引客户、留住客户的有效方式。有句俗话叫“没有卖不出的商品，就看你会不会吆喝”。这句俗话告诉我们一个道理，那就是要对合适的客户销售合适的商品，要让需要的人知道自己正在销售他们需要的商品。

良好的服务态度和精准的定位均是为了增加直播营销的效果。一方面可以让其他人知道直播营销；另一方面可以留住观看直播的观众。越发完善的直播营销体系有利于“直播 +”的推广，使“直播 +”可以赚取更多的收入，同时为客户提供更好的购物体验和服务。

第三节
是 PGC、UGC 还是 PUGC

1. 什么是 PGC、UGC 和 PUGC

PGC 是 Professional-Generated Content 的缩写，是一种利用专业人员、专业技术、专业知识来生产内容的方式，它泛指将内容进行视角多元化、内容个性化、社会关系虚拟化、传播民主化的处理，是 UGC 不断演化而来的一种内容制作模式。

User-Generated Content 即我们所说的 UGC，是让用户来生产内容的一种创作发布模式。相比 PGC 而言，UGC 是一种用户自发的、散乱的、在互联网上发布时间不固定且内容质量参差不齐的创作形式。

随着内容产业的不断发展与内容产生的要求不断增多，网络内容创作又被细分出 OGC（Occupationally-Generated Content，职业生产内容）和 PUGC（Professional User Generated Content，专家生产内容），而 PUGC = PGC + UGC，是一种结合 PGC 和 UGC 各自长处而衍生出的新模式。

PGC 在专业知识和资质以及稳定发布领域与 UGC 有本质的区别。PGC 的内容往往在共享领域伴随内容付费的产生，即今天在互联网上流行的知识付费。如果一个平台上有 PUGC 的情况存在即说明这个平台上的多数用户都是专业的内容创作者，他们不仅仅阅读高质量水准的文章，还为平台提供高质量且具备可读性的优质内容，如微博上的KOL或者是大V，乃至科研工作者等都是很好的例子。PGC和OGC时常有交集，因为像媒体工作者这样既有专业背景又能以撰稿为平台提供既专业又带有职业色彩的内容的人也是很多的。

早期一些视频网站采用的是UGC（用户生成内容）模式。UGC的好处是用户可以自由上传内容丰富网站，但不利的方面在于内容的质量参差不齐；PGC模式分类更专业，内容质量也更有保证。现在的电商媒体，特别是高端媒体采用的也是PGC模式，其内容设置及产品编辑均非常专业，非UGC模式所能企及。

中国视频网站内容生产从UGC到PGC的走势，不是观念世界的语词更替戏法，而是基于机制、资本量、生产者、内容和受众五个方面的积累和支撑，按照互联网传播和市场运作规则产生的业态演进。随着今日头条等以短视频打响平台名号的内容媒体不断涌现，以及互联网趋势的发展和人们对视频类内容的喜爱，“直播 + 社交平台”的模式将会成为内容行业的标配。

随着PGC时代来临，UGC逐渐退居二线，更加具有专业性的原创将成为这个时代的主流，也唯有不断地支持原创，靠内容取胜，直播平台才能得以生存。对直播平台而言，获取内容的能力、获取流量的能力、将流量变现的能力是必备的，如果不具备这三种核心竞争力，这个平台将迅速进入烧钱模式，就如同贾跃亭在乐视手机上疯狂烧钱一样，最终的结局是一个内容平台的凋零。实现稳定的PGC需要有强大的团队，一方面要把控内容的质量；另一方面要对内容进行生产。相比之下，UGC将流量变现的能力就稍显逊色，虽然其自发模式仍有优势可寻，但是相比PGC而言缺少了“造血”的稳定性，也就是说，未来的主战场还是要靠专业人士才能打响。

最早在行业内提出使用PGC模式的视频网站是阿里整合的优酷土豆。

它首先整合了模式，让更多有创作能力的合伙人参与其中，逐渐完善 PGC 生态体系。优酷尊重网络上的原创，并将未来的平台发展寄托在尊重原创的基础之上。其内部积极推动内容合作式的原创形式与方法，希望能够在 PGC 的基础上为其参与者提供良好且持续不断的服务。看似简单的 PGC 模式，其实只是平台利用专业性内容吸引客户的第一步，剩下的交给用户去体验和反馈，再不断地更改与升级服务。精致的内容和流畅的体验永远都是留住用户的最重要因素。

为了在众多互联网平台中打造差异化的内容，优酷与多个优秀的 PGC 团队合作进行内容自制。与其他视频行业不同的是，PGC 模式促使优酷更加维护合作伙伴的品牌与口碑，充分利用人力与其他相应资源协力打造品牌，以助力整个 PGC 生态系统运作起来。

在这个生态系统中，PGC 承担从内容生产、推广到品牌塑造、聚集粉丝、培养粉丝群以及利用粉丝群进行自行推广等工作，让 PGC 模式形成一个完整且有效的生态闭环。从商业的角度来看，优酷土豆让优质的内容逐渐形成自己的品牌价值，再将这些价值通过一系列手段进行转换、变现，这无疑让作者吃了一颗定心丸，使他们能够更加专注地进行内容创作并创造价值。

在视频产业竞争的洪流中，每个企业都想在这场浪潮中分一杯羹，而往往又苦无良策。起初优酷的 PGC 生态闭环系统也是被各大企业家们所不看好的，但是通过推出《飞碟说》《暴走漫画》等分成收入超过百万的节目，使其在自制视频领域的优质内容不断涌现。之后又有《万万没想到》《罗辑思维》等订阅量超百万的栏目，助力优酷成功地在先期占领了国内视频行业市场份额的 50%。于是行业内卷起了一阵热潮，越来越多的视频制作团队开始在优酷上开发栏目，很多订阅号甚至已经达到单个视频上百万的播放量。此外他们还继续专注 PGC 视频内容的开发，有的团队月开发数量已经达到 100 余款。

据优酷的内部统计数据，在长期的投入与试验下，其优质的PGC合作伙伴已多达500家，开发总节目数量800余个，总计播放量150亿次，与其他平台之间的分成也达到了2400万元之多。可以说PGC生态链为优酷带来的变现能力是有效且巨大的。

PGC经由现代传播工作者按照几乎与电视节目无差别的方式进行制作，但在内容的传播层面，必须根据互联网的传播特性进行调整。比如，针对纷繁复杂的节目类型，需要结合人们的生活习惯来进行设置。随着人们生活节奏的加快，越来越多的人喜欢利用空闲时间进行阅读或者观看其他信息。所以节目设置不仅要符合人们碎片化的观看习惯，还需要按照主题和关键词将一个节目的过程做多个细分，让这档节目既是一个整体，单拿出来又是一个短时的场景剧。

其次，帮助用户对信息进行筛选和推送也是平台需要做到的。互联网时代的信息量十分巨大，每个人的闲暇时间都显得尤为可贵，在海量的信息中帮助用户精准地找到他所喜欢的和需要的，这就是平台的工作。所以制作人还有一个工作就是要不断地帮助用户进行分类推送，每一期栏目的方向、内容和亮点都要做得明显而简单易懂。

网络直播自制节目除了以上两点要求外，还需要满足互联网实时动态更新、持续在线的特质。很多大流量的直播也许不是来自某一个人的节目制作、某一个企业的宣传策划或者是平日里的娱乐探索，人们更关注的其实还有社会热点。不可否认的是，社会热点从始至终都是一个超级大IP。所以对直播来说，也需要对内容因时因事地作出及时调整，紧跟热点的步伐。

拿2011年的《快乐女声》和金星为例。在当年的“快女”总决赛前后，搜狐结合这些“快女”的身份和资料推出了一档系列纪录片——《超女快女背后的故事》，引起了网民们的热烈反响；还有曾经在《搜狐大视野》上播出的一部张元导演的纪录片《金星小姐》，这部纪录片就是根据

2011 年金星参与东方卫视、浙江卫视两档节目颇受非议的事件而推出的，《金星小姐》一经推出也收获了不少的网民点击。

现在有一种说法认为，PGC 可能是一种错觉。从根本上来看，PGC 是 UGC 中的一部分，只是 PGC 中的部分内容相当精彩。而 PUGC 可以更加贴切地描述这种说法的内容。PUGC 即以 UGC 的形式，产出相对接近 PGC 的内容。如果上述内容听起来比较拗口的话，下面再用喜马拉雅 FM 作为例子，讲一下什么是 PGC、UGC 和 PUGC。

一个普通人希望在喜马拉雅 FM 上介绍一些内容，如讲一下美食。他喜欢美食，但是他对于美食的了解和专业的大厨相比还有很大的差距。那么他在喜马拉雅 FM 平台上发布的内容就是 UGC。他只能作为一个用户，并不能被称为专业（Professional）人士。同样，还是在喜马拉雅 FM 的平台上，歌唱家在上面发布的关于唱歌教学的内容就是 PGC。因为歌唱家的专业性和音乐资质都是毋庸置疑的。

喜马拉雅 FM 平台上有个《罗辑思维》，其主播是罗振宇。罗振宇没有中文系教授在文学上的专业性，但是他曾在央视从事过多年的文字方面工作，对文学有自己独特的理解。罗振宇希望推出更加具有专业性的内容。比如他先阅读一本书籍，然后将自己的读书心得分享给听众。这种内容具有一定的专业性，但并不十分专业，那么罗振宇在喜马拉雅 FM 平台上发布的内容我们就称之为 PUGC。

2. 专业化生产是必然

对普通人来说，我们对自己接收到的内容有多种需求。有时候我们需要悬念，有时候我们需要想象，有时候我们喜欢喜剧，有时候我们喜欢悲剧，但我们总是喜欢专业的、准确的内容。

自然，专业化的知识输出即 PGC 会是未来的趋势。现在，在整个互联网的直播中 UGC 仍旧占据主导地位。其中的原因是多方面的，有一个重要的原因是专业人士还在观望网络直播这种模式。现在网络直播的从业者大多都是相应领域的爱好者，专业人士的数量并不多。

随着直播的持续进行，现在只是“发烧友”的主播们专业知识会得到相应的拓展，他们在解答相应的问题、更好地展现自己的才能方面都会得到相应的提升。

以主播“陈一发儿”为例。她从事过多种类型的直播：首先，她从事过音乐直播，就是在她的直播间中演唱歌曲，自然，这也有美女直播的成分；其次，陈一发儿也做过游戏直播，在游戏直播的阶段，她尝试过多种类型的游戏。现在，陈一发儿主要从事情感类直播。

陈一发儿的这一系列直播尝试实际上就是 UGC 向 PGC 转化的过程。最初陈一发儿希望自己能够从事网络直播，但是她并没有形成自己的风格，也没有找到适合自己的直播方式。那个时候音乐直播和美女直播火热，于是她开始选择音乐直播和美女直播的形式，但她实际上并不适合这种直播方式，没有能够吸引到很多观众。从事美女直播期间，二次元文化兴起，陈一发儿也跟着模仿，从事 cosplay，这个方式为她吸引了一定的观众，但这部分观众的流失还是比较快的。

后来，陈一发儿开始从事游戏直播，尝试多种游戏类型，也为她吸引了不少观众，尤其是 GTA，观众们形容她是“玩 GTA 还等红绿灯的主播”。通过游戏直播，陈一发儿更加注重形成自己的直播风格。

在现在的情感类直播中，陈一发儿已经形成了自己的风格，这就是相对专业化。这里的专业化并不是说陈一发拥有多么出色的职业能力，而是说陈一发儿可以通过幽默的方式化解他人的尴尬和内心的纠结。

专业化是未来的趋势，主播越专业，可以吸引的观众就越多。专业化的内容是观众们希望看到的，如最近“马老师”能够在游戏主播中火起来，就是因为在他的直播中可以学到专业化的知识，可以提升自己对游戏的理解。学到专业化的知识也是人们看直播的一个重要目的，在游戏直播方面更是如此。

马老师对于游戏的讲解具有独特的优势，他首先是英雄联盟的职业选手；其次又是职业选手的教练，自然在游戏讲解方面拥有得天独厚的条件。这样的讲解方式，让马老师从“大司马”变成游戏爱好者的“老师”。这样的专业化形成了马老师的风格，也为马老师带来了观众。

专业化的内容帮助直播平台提升自身的内涵，提升直播平台的厚度，自然，专业化也帮助直播平台的主播形成自己的风格。

3. 顺应时代才能生存

“天下大势，浩浩汤汤，顺之则昌，逆之则亡。”这句话讲出了顺应时代的重要性。顺应时代发展的会留下来，没有顺应时代发展的就会被淘汰掉。

这个道理也可以从《进化论》中看出来。所谓“适者生存”，主播要想在激烈的竞争中存活并发展，就要顺应时代的潮流，不断改变自己，改变直播的内容风格、时间和时长。不同的改变是为了适应不同的时代发展。只有更加适应时代的潮流，才能占据主动，拥有更多的观众和粉丝。

顺应时代的发展还有另外一个方面，就是专业化。平台内容更加专业化，能够吸引更多的观众。同时，应减少直播中的乱象，这样直播平台受到的指责和谩骂就会少很多，就能够传播更多的正能量，为观众带来更多更加优秀的直播作品。

现在许多的大品牌也纷纷参加到直播大军中，这些大品牌的参加，会给直播平台带来一次全新的洗牌。互联网企业的发展往往离不开资金的支持，而互联网企业也往往是资本竞争最激烈的领域。

知名品牌参与直播平台，会让普通主播倍感压力。这时候普通主播就需要改变自己原有的想法，寻求更多富有创新意识的直播内容，寻求普通主播在直播平台上的生存空间。

顺应时代体现在多个方面。时代在不断变化，自然时代的潮流也在不断变化，比如“直播 +”就是一种潮流。“直播 +”是很多直播营销方式的统称，直播后面可以加很多的内容，可以是电子商务，可以是时装，也可以是教育，还可以是医疗。

还有就是明星加盟直播平台，普通主播很难和这些明星竞争。这些明星有的是直播平台的明星，有本身就是电视明星或者歌星。对明星而言，无论怎样，他们总会在网络直播平台上占据主动，而普通主播总会处于劣势。因此，普通主播就需要努力提高自身的专业性。普通主播并不需要在所有方面都具有专业性，只需要在他们所擅长的领域具有专业性就可以。比如音乐主播最好有一定的音乐功底和音乐修养，让自己的演唱更加专业，而不仅仅是靠天生的好嗓子。

总之，顺应时代的发展十分重要。运动是绝对的，发展是必然的，历史的车轮总会往前走，从来不会为谁而停留。因此，我们只有适应发展这一条路，不断发现自己身上的潜能，不断拓展自己的视野，才能争取在未来的竞争中占据主动。

第四节
直播营销的利与弊

1. 直播平台是低俗文化的聚集地？

直播平台是低俗文化的聚集地吗？这个问题要一分为二来看。首先，它确实是，这是无论如何也无法否认的。目前直播平台上最为泛滥的低俗文化就是黄色信息。由于直播平台竞争的激烈性，很多人为了在竞争中占据主动，希望在短时间之内吸粉，就剑走偏锋，采取了许多匪夷所思的手段。

直播平台上时不时就会传出某女主播为了吸粉，不惜××××的新闻，这就是我们认为直播中低俗文化频现的原因。新主播们总是不愿意踏踏实实地努力，他们希望一夜成名，希望在短时间内通过直播平台牟取暴利，因此，就会有人采取特殊的方式，也就是所谓的黄色信息。

对互联网来说，网络直播是近两年迅速发展起来的新业态。我国的游戏直播最早是借鉴美国的游戏直播，在中国最早兴起的也是游戏直播。随着 War3、DOTA、LOL 等电竞游戏引入中国，直播产业也随着这批电竞游戏进入中国人的生活。当年 Amazon 曾用 9.7 亿美元的高价收购了一家游戏直播网站，引起互联网圈内一时轰动。

随着网络表演市场的快速发展，“网红”“直播”成为互联网传播颇受关注的样态。但一些表演者以低俗、色情等违法违规内容吸引关注，社会影响恶劣。

重庆一名29岁的主播为了让自己的直播更火，冒险去捅马蜂窝。这个小伙子做直播3个多月，在网上小有名气。之前他的朋友钓鱼被马蜂蜇了，别人听到还有些担心，但是这个小伙子灵机一动，想要做个捅马蜂窝的直播，一集捅马蜂窝，另一集直播吃蜂蛹。

当晚这名主播连同其伙伴等6人花500元租了一台吊车来到马蜂窝下，站在吊车上来到30米高的树头。不一会儿，就有同伴听到这名主播在树上大声呼救的声音。其同伴赶忙放下吊车，此时他已经进入重度昏迷状态，并被紧急送往医院。医院经过检查发现，该主播被从裤脚进入的马蜂蜇了，全身上下有37处蜇伤。随后该主播便被紧急送往重症监护室。该主播的粉丝有1.5万人，当日的直播视频观看量高达1.1万次，却没有一个粉丝告诫小伙子不要做这种危险的行为。这样的现实让我们不禁唏嘘，观众只顾满足自己的好奇心，却对主播所面临的危险置之不理。

互联网技术的迅猛发展让直播成为网络人群尤其是青少年人群的新宠。作为一个新兴的娱乐平台，直播凭借行走在文化边缘吸引人们眼球的方式让网络问题愈发严重，它们不仅涉及色情产业，侵犯个人隐私，还对社会造成了严重的危害，严重影响了网络文化积极健康的发展。

网络直播平台上还经常看到暴力的内容，这里所说的暴力不是针对别人的暴力，而是针对自己的暴力。一些人会去拿头开啤酒瓶，连着喝好几瓶白酒，或者生吃青蛙之类。还有一些网红通过整容加图片处理将自己的脸P成蛇精，最有名的就是网红刘梓晨，除此之外，他还善于用惊人的言语来博取网民的眼球。还有网红则靠更鄙俗的行为来吸引观众，例如，下体涂风油精，现场表演喝辣椒油，生吃灯泡、面包虫，在身上绑上鞭炮引燃，更有甚者，表演的东西更像是古代的胸口碎大石。例如，用灯管砸头，将香烟点燃放在自己的嘴里、鼻孔里和耳朵里等。

还有的人不仅是以危害自己来进行直播和表演，还占用公共资源，占用地铁空间或者是街道，摆起摊子随意地在公共场合进行直播。这些低俗的行为，都是网络直播不规范的表现，也是导致人们对网络直播没有好印象的主要原因。这些都可以算在网络暴力的范围内，主播的行为不但伤害了自己，也会给其他人造成不良的影响。

直播平台上的直播内容可能会被人录制下来，在其他的平台上传播。也许在直播平台上没有人关注这些暴力事件，但在其他平台上，不适合观看这些内容的观众都可能会看到这些视频，造成不好的影响。

当然，直播平台上也会有正常的直播内容，这些内容为我们的生活和娱乐带来了快乐。我们可能会有一两个喜欢的音乐主播，喜欢他的原因可能是他唱歌的风格，可能是他唱的歌曲是我们喜欢的类型。也许我们偶尔会送出一份礼物，把它算作自己的一种生活方式，或者是休闲娱乐的方式。毕竟，音乐可以陶冶我们的情操。

我们也可能喜欢一个游戏主播，这个主播可能不光是自己喜欢，同学、朋友、同事等可能都是他的粉丝。这个游戏主播就是我们和同学、同事们聊天时的一个话题，可能会谈论观看直播时的一个笑话，或者是游戏过程中的一个亮眼操作。这些与同学、同事们谈论的话题也是我们平时休闲娱乐的一部分。

还有淘宝直播之类的直播方式，虽说淘宝在直播中的盈利不断增加，但作为用户的我们也能体会到淘宝直播为我们带来的便利，我们可以在观看直播之后更加放心地购买自己需要的产品。

从这几个例子中可以看出，直播的不完善是必然的，毕竟直播出现的时间还比较短，观众、主播、平台运营商、管理部门都没有充足的经验，之前也没有例子可以模仿，因此不可避免地会走一些弯路。

随着我们对直播平台认识的深入和相关管理监督机制的确立，直播平台上的低俗文化会相应减少。同时，直播也不会一直保持在当下的高关注度中，以后肯定会出现另外一种新的吸引观众的形式。

今天的网络直播方兴未艾。尽管在发展的过程中出现了一些低俗事件，但随着市场的规范以及法律法规的不断完善，网络直播一定会迎来属于自己的春天。2016 年 4 月，在北京市人民政府的引导下，相关企业出台了《北京网络直播行业自律公约》，随后这方面的法律条款不断完善。同年 12 月，国家互联网息办公室发布《互联网直播服务管理规定》，规定新闻直播需先审后播，加强网络直播的管理和规范，促进行业更加健康持续的发展。

我们作为网络观众或者主播，在看待直播平台时也需要更加理智，要学会选择更多适合自己的直播间，而不是仅仅观看一些吸引眼球的直播。只有通过大家的共同努力，直播平台才会变得更加合理。即使“路漫漫其修远兮”，我们也将心怀梦想，希望“明天会更好”。

2. 直播平台或将面临洗牌，优胜劣汰

随着 2016 年直播平台投入资本的蜂拥而入，大批直播 APP 在市场竞争中淘汰出局，加上市场的规范规划，中国直播已从野蛮生长状态中脱离出来，目前趋于平稳。有人说直播行业的序幕才刚刚拉开，还有人说直播行业将要进入优胜劣汰的时代。2016 年起，网络直播带来的巨大收益让人们争相以雷同的模式开发自己的直播 APP。于是像凸凸 TV、爱闹直播、猫耳直播、趣直播、微播、ulook 要看直播、网聚直播、美瓜直播等直播平台如雨后春笋般出现在应用商城中。但在 2017 年伊始，包括以上平台在内的十多个平台均已无法登录或宣布关闭。

面对各种直播平台的接连关闭，企业对于直播投融资的荷包也逐渐缩紧。不断传出直播 APP 被收购或者某直播企业因为倒闭欠薪而不断有员工出走的消息。2016 年一整年烧钱的疯狂节奏也就此与倒闭的直播平台一同

湮没在人们的回忆中。而同时，这也验证了直播资金紧张的事实。

自从直播掀起互联网视频风潮，映客就一直高举旗帜，邀请众多网络大咖、明星等到直播间作客，着力将映客打造成直播行业的明星企业。“BIGBANG 权志龙、胜利作客直播引发 600 万女粉丝互动激动落泪”，“蒋欣、刘涛开直播分分钟使服务器瘫痪”，各大影院门户、贴片、户外广告等各种宣传方式一拥而上，让映客这个名字瞬间被打响。

尽管映客在一夜之间打响了自己的品牌，但在隐藏的光环之下，可能更多的是资金和流量问题。映客似乎并没有做好维稳平台的方案，也没有做更为长期的打算，甚至连基本方向都没有明确定位，隐藏的问题正随着映客直播的推行不断显现出来。

有互联网学者透露分析称，映客虽然在网络上打赢了宣传的第一仗，但是基于其不像其他社交、门户等平台有长期稳定的人口流量支撑，一旦风头过后，简单的直播思想被其他平台套用，映客的盈利模式将瞬间被架空。从 2017 年第一季度中国直播 APP 排行榜的榜单中可以轻易发现，映客的排名已经从 2016 年的第一名跌落至第四名，游戏类直播平台虎牙、斗鱼已经远远赶超映客。从百度搜索指数来看，近一个月内 PC 端和移动端搜索映客的用户指数也呈现不断下降的趋势。“映客”这个名词也预示着直播即将面临寒冬。

究竟为什么原本势头正盛的直播行业仅一年就开始逐渐呈现萎缩态势？其实，这与直播平台一直以来播放低俗色情内容、违规违法内容，导致网络传播平台监管难、治理难分不开。仅 2016 年，在 App Store 里下架的直播类 APP 就有 60 余家，其中恶意刷榜、涉及色情内容为主要原因，如被央视曝光的就有咸蛋、九秀和火山直播等，就连在 2017 年荣登第一、二位直播榜单的虎牙、斗鱼直播都没能幸免，其他的还有麻椒、馒头、微吼、龙珠直播等。

随着国家对互联网管制的办法相继出台，对网络直播的监管处理办法也逐渐搬上国家立法日程。网络直播行业的由兴转衰逐渐让直播公司意识到直播行业真正要面临的难题将会越来越多，从运营困境中解脱出来也是直播平台的当务之急。平台不仅要维持网络秩序，还要不断维稳平台，创造更多的新奇点与创意点，为平台带来变现收益，不断满足用户越来越多的需求，做好体验式服务，挖掘出更多可利用的正当商业模式，否则直播企业在不断做大的情况下面临的问题将会更加严峻。

直播平台会面临洗牌，这是情理之中的事情。这里的洗牌是指我国会建立相应的直播平台监管机制。直播平台的发展是早于相关法律的发展的，这同许多新兴事物一样。就像最开始的互联网监管一样，在我们使用互联网的过程中遇到病毒、诈骗，后来才有相应的法律规范网络上的违法行为。

直播平台上充斥着不少低俗文化，面对这样的文化乱象，我国的文化监管部门、网络监管部门以及其他相关部门都会对网络直播平台的乱象进行相应的整顿。现在的网络直播乱象肯定会在我国管理部门的重拳打击下得到遏制，我们会在相应的监控下看到更加富有正能量的网络直播。

在绿色网络直播的影响下，一批新的主播将会兴起，他们会取代那些被封杀的主播，重新瓜分被封杀主播的粉丝。一些新形式的直播方式也会兴起，涉黄涉暴的直播会被禁止。例如野外求生和野外生存替代暴力类的直播，街边搭讪类的直播方式替代涉黄类的直播。

对直播平台涉黄涉暴的整治活动对整个直播行业来说就是重新洗牌。在直播兴起之初，各大直播平台都离不开“靠女人上位”的魔咒，但在整治涉黄涉暴的洗牌中，优秀的主播会逐渐展现出自身的优势，逐渐淘汰能力较差的主播。

直播平台还将面对另一层次上的洗牌，那就是资本的进入所带来的洗牌。互联网企业的博弈很多时候就是资本的博弈，资本的投入能在短时间内将一个互联网企业拔高。

马云、柳传志、张朝阳和任正非在公司成立后的发展阶段中都得到了资本大佬们的资金支持。资本对互联网企业同样重要，互联网企业的模仿相对比较容易，不像传统企业那样需要先寻找厂房、采购设备、安装生产线，互联网企业可以在较短的时间内将资本转化为生产力。这也就意味着获得资本支持的互联网企业可以在短时间之内击败存在竞争关系的对手企业。因此，互联网企业对风投基金和其他融资都是很敏感的，每次大量资本涌入直播平台，直播平台就会迎来新一次的洗牌。

洗牌就意味着重组，意味着粉丝的重新分配，也就意味着这个平台的主播可能会另谋出路选择其他的直播平台。而主播对直播平台来说是十分重要的资源，这种资源的流失对于直播平台而言可能会造成十分巨大的打击。

在资本角力的过程中，直播平台不断洗牌，而主播们应该在不断变化发展的网络直播中找到适合自身的直播方式，不断提高直播质量，创新直播内容，从而让观众更愿意留在直播间中。

3. 直播营销前途为何？

尽管网络直播十分火爆，却一直有着低俗的标签。而且诸如“直播造人”“直播吸毒”等事件屡禁不止，也为网络直播的前景蒙上了一层阴影。不过随着国家相关法律法规的完善，相信网络直播行业会迎来自己的春天。

网络直播对企业营销具有巨大价值。2017 年 1 月，王祖蓝在淘宝上和神舟买买车进行合作直播，作为合作伙伴的神舟买买车在这次直播中最终卖出了 2717 辆汽车，成交额高达 2.28 亿元，平均一分钟就能卖出 11 辆，直播网络卖车交易的神话就此创下。这一次直播成功地向各大企业凸显了其强有力的网络宣传推广能力与变现能力。自此之后，便有很多企业和个人开始利用直播为自己宣传造势，打造品牌与影响力。小到个人、淘宝店铺的员工利用直播来提升自己的变现能力和销售业绩，大到各大明星、网络大咖、名人纷纷利用直播来塑造自己的良好形象，推出自己的产品，很多明星、大咖、名人借此机会摇身一变成为商人。

直播已然成为现代文化营销的主战场。之前王宝强和马蓉离婚事件，很多网友就说这可能是王宝强借此来宣传自己的新片《大闹天竺》，可以说这部影片一半的火热是受他俩离婚事件的推动。王宝强在新片上映前，在斗鱼上播出了《大闹天竺》电影宣传片，同样成功地吸引了无数观众，当日在线观看宣传片的人数突破 500 万大关，引得各大媒体争相报道此次宣传片引发的轰动，成功地为《大闹天竺》做了宣传。

《大闹天竺》新片宣传很好地利用了直播这个媒介载体能够快速吸粉、沉淀、互动并进行二次开发的特点，不得不说，这次的新片宣传是一次成功的电影营销。此外美宝莲成功在直播上卖出 10000 支口红，说明网络直播还能够将展示和销售同步进行，增强了卖家与消费者之间的互动，进而进行充分的转化，解决了长久以来淘宝售后转化率低的问题。网络直播凭借其自身的传播特性和优势，具有低投入、高回报的特点，被视为当今互联网上的又一金矿。

如今眼球经济越来越盛行，直播在眼球经济的推动下，在仅仅几年的时间里获得养料，疯狂生长。不可否认，很多引起人们观看和驻足的直播都是采用了“新、奇、特”的非正常手段。人们为了看到更多猎奇的直播不惜投入重金打赏，让本就秩序混乱的直播变得越发混乱。直播平台起初是从国外引进到中国的，是以向游戏玩家播放和展示游戏技巧、游戏通关秘籍为目的的工具，但随着互联网的发展和人们对直播的了解与深入，直播平台向更为丰富和多元化的角度发展，如秀场直播、教育直播、美食直播、旅游直播、户外探险直播等，种类数不胜数。这让从事直播行业的人越发鱼龙混杂，有的人为了让自己的直播平台迅速变现而采取违法手段。

直播还在不断地发展与精进中，每个人都有研究直播的权利，它还存在未被开拓的诸多可能。当今的直播在我们看来也许已经成型，但是在不断地进步与规划整合之中，直播的整体状况仍不全面。直播有可能会像之前的视频网站、新闻门户、新媒体社交等一样成为在互联网主流与大众市场中的新型产业模式，但也可能会由于不适应市场状况与未来互联网健康发展的态势而被淘汰，如今对直播说得太多有可能都是臆测，我们还需在直播的发展中不断观察取证。

2017 年的直播在市场与政府的监管下将面临又一番行业洗牌。PGC、PUGC 定制化专业内容的产生，不断深化和丰富的服务内容，以及开发与挖掘更多新鲜优质又具有特色的节目，会成为企业直播战略成功的关键。仅仅靠低俗文化已经越来越难以抓住用户的心，以这种模式发展直播也势必不会长久。在人们精神生活需求不断提高的今天，优质、专业、有趣、健康文明的内容才是需要每个直播平台借鉴、研究与制作的内容，只有真正优质的节目才能在电视和网络上有长足的发展空间。

直播营销的本质内容就是在网络上所谓的事件营销，即单纯地利用一个事件，通过设计与传播渠道的策划在直播平台上将这件事演绎出来。除了能够为平台带来一定的宣传效应外，事件性带来的引爆效果可以迅速地在网络上形成传播并引发一系列的关注。

与其他营销手段相比，直播营销定位更为精准，观看视频的用户都需要在主播直播的固定时间进入同一个房间，尽管与互联网上流行的万物相联、随时可查的理念相悖，但这种限制时间点的行为却更好地验证了客户的精准度与参与度，这大大提纯并定位了真实且活跃的用户。

通过直播这种形式，无论是主播、商家还是企业都能够时时与客户发起互动，与更多传统媒体相比更能够即时解决用户的疑问，满足用户各种各样的需求。直播使用户摆脱了过去那种单纯被动的观看者角色，通过“打赏”“弹幕”“吐槽”“送礼物”等让直播变成一种可以双向互动的娱乐方式，甚至有人还用直播调动民意为自己拉选票。这种真实且可感地还原人与人之间沟通与交流的方式目前只存在于直播中。

随着人们生活节奏的加快，人们更习惯进行碎片化的阅读或者观看。在去中心化的环境下，人与人之间的交流乃至交集点越来越少，情感层面更为深入地了解就更不用说了。直播的出现带着传统的仪式感，让人与人之间重新建立起联系，让更多志趣相投的人在主播的带动下相聚在一起，使直播间的情绪相互感染、升温，以至将直播的气氛推至高峰。在直播如此火热的今天，如果企业或个体从业者能够充分利用这些平台，对自己的品牌或者是产品进行宣传，相信其在当下的营销一定会非常好做。

利用直播成功营销关键有以下几点：

（1）内容，内容，还是内容

无论是新闻媒体传播还是微信、微博等社交应用平台的日常推送，其最主要的成功点还是内容。媒体界一直奉行一句话叫“内容为王”，在信息化高度发展的今天，各大平台的内容既丰富又重叠，一个平台有没有自己的内容，有没有好的内容，有没有吸引人的内容，在很大程度上起到了决定平台生死的作用，直播也是如此。

在直播前，我们首先需要确认的就是是否做好了对一个直播的立意以及定位，并相应地准备好在直播中可能需要的各种文案与材料。做好内容的物质准备只是第一步，还需要明确我们所找的主播是否适合这档直播的类型与风格，他的粉丝群是否符合企业的品牌或者风格等，要让直播的内容一直有可看性与探讨性，这是让一个直播能够进行下去的又一关键要素。

（2）成功的营销都是策划出来的

自2016年直播大热以来，越来越多的个人、商家与企业进入直播渠道。直播内容其实类似于电视节目，对自身媒体策划来说，只不过是将电视节目的策划内容换一种形式搬上直播平台而已。由于好用的策划方案大多已被尝试，所以直播步入2017年后，其内容上与2016年相比稍显逊色，颇有下降的态势。

如今的直播如果以为只单纯地靠脸蛋、才艺或者猎奇就能维稳粉丝群，那就大错特错了，像papi酱就因为其“老套路”的直播导致粉丝数呈现下降态势，曾经papi酱的一集视频一分钟播出就被喊价几百万元，成为当时被疯抢的“一姐”。可如今就连当时闹得最凶的真格基金和罗辑思维都退出了papi酱的视频营销队伍。

所以在直播风头过劲的今天，营销团队策划的内容如何满足人们长期的口味才是在直播平台上成功维稳的关键。相应地，无论是个人、商家或者企业都需要更卖力地提升策划水准与品质。剩下的就是凭借粉丝们的订阅和主动分享进行后续的传播工作了。

（3）没有互动的直播不是好直播

在2016年以前，新媒体时代人们追求的是“10万+”的高阅读量，各大媒体平台争相聘请更多的专业人士，只为向用户们提供高质量的内容。可是细看真正推送高质量文章的公众号，反倒是没有那么多人去关注。那些阅读量达“10万+”的文章不是炒作就是跟风热点或人们高度关注的领域信息、服务信息等，剩下还有一种就是关于互动性活动的文章。一篇肯德基的“周二会员日，酸辣酷爽美食联盟燃爆慵懒夏季”轻轻松松点击过10万。相比有互动的平台，那些没有互动的平台做起来则没有那么省力，由此可见互动对一个平台的重要性。

直播是人与人面对面沟通的模式，它最大的特点就是平等沟通、及时响应和互动参与。一个直播平台的主播要懂得与粉丝沟通的技巧，在直播中巧设话题，引导互动，让粉丝感受到自己是参与者，得到回应与尊重，长此以往粉丝们才会站到主播的队伍中，承担主动分享和长期关注的责任。

（4）加大鼓动力度做到及时扩散

一个事件有传播才有影响力，才能被人们熟知或接受。直播同样如此。扩散是帮助主播迅速提升人气，提高直播关注度与吸粉量的重要环节。作为一种促进营销的社交媒体形式，直播永远不是单独存在的。就像很多媒体为了扩大自己平台的点击率与影响度，都会与社交媒体进行端口分享设置，如配合微博、朋友圈、MSN 等分享渠道进行分享。

例如，网易新闻、暴走漫画或者是美拍等 APP 都会设置端口分享，用户阅读或者制作后可以通过分享途径将内容发布至微博或者朋友圈内，让用户看到的信息能够在自己的圈子内扩散。而对于微博这种开放端口的媒体，则可以让更多圈子以外的人看到，并继续进行传播。这一机制让内容和讯息扩散的范围更大，以便对直播进行预热或者进行直播导流，甚至是形成口口相传的口碑传播。这对主播人气的提升以及其背后企业品牌影响力的扩大都有重要的作用。

想要了解直播的发展，我们先来回顾手机发展的过程。我们会从中发现：手机从最初砖头那么大的“大哥大”，变成后来的“左手诺基亚，右手摩托罗拉”，再到现在的智能手机。整个手机的进化过程实际上都伴随着科学技术的进步。而每次科学技术的进步实际上都促进了手机行业的洗牌。一批大型手机制造商迅速崛起，一批不适应时代发展的手机制造帝国轰然倒塌。

根据手机的发展史，我们可以大胆地预测直播的前途。实际上，直播也在跟随时代潮流而进行着改变。在直播的改变中，科学技术的发展也起到了重要作用。比如，最开始我们看到的直播都是在电脑平台上进行的，现如今，我们可以在直播平台上看到许多使用手机进行直播的主播。

这个改变就是科学技术起到的作用。想想起步阶段的智能手机，那时候的智能手机虽然已经拥有了“FaceTime”，但是它的分辨率和传输效率不高，人们大多都在用 2G 网络，只有少数人在用 3G 网络，而那个时候光纤也没有现在这么普及。

这些年科学技术的发展，改变了直播平台所使用的硬件，使得手机直播成为可能。直播营销也是这样，随着科技的发展，直播活动火热后，不少的知名品牌也纷纷加盟直播活动。直播营销也在不断变换着形式，出现了多种方式的“直播＋”，我们也可以从不同的发展中看到不同的趋势。“直播＋电子商务”可以是未来购物营销的平台，“直播＋教育”可以是未来教育营销的平台，“直播＋医疗”可以是未来医疗营销的平台，“直播＋时装”可以是未来时装营销的平台。多种方式的“直播＋”都为我们提供了重新定义未来的机会。所以，未来的直播营销是机会与挑战并存的。